香蕉苹果贸易学

[美]弗雷德·霍奇伯格 著
赵静文 译

TRADE
IS NOT A FOUR-LETTER WORD
HOW SIX EVERYDAY PRODUCTS
MAKE
THE CASE FOR TRADE

民主与建设出版社
·北京·

© 民主与建设出版社，2024

图书在版编目（CIP）数据

香蕉苹果贸易学 /（美）弗雷德·霍奇伯格著；赵静文译. -- 北京：民主与建设出版社，2025. 1.
ISBN 978-7-5139-4671-1

Ⅰ. F710

中国国家版本馆CIP数据核字第2024NY8437号

Copyright © 2020 by Fred P. Hochberg
All rights reserved, including the right to reproduce this book or portions thereof in any form whatsoever. For information, address Avid Reader Press Subsidiary Rights Department, 1230 Avenue of the Americas, New York, NY 10020.

著作权合同登记号　图字：01-2024-4936

香蕉苹果贸易学
XIANGJIAO PINGGUO MAOYI XUE

著　　者	［美］弗雷德·霍奇伯格
译　　者	赵静文
责任编辑	郭丽芳　周　艺
封面设计	门乃婷工作室
出版发行	民主与建设出版社有限责任公司
电　　话	（010）59417749　59419778
社　　址	北京市朝阳区宏泰东街远洋万和南区伍号公馆4层
邮　　编	100102
印　　刷	嘉业印刷（天津）有限公司
版　　次	2025年1月第1版
印　　次	2025年1月第1次印刷
开　　本	880mm×1230mm　1/32
印　　张	7
字　　数	170千字
书　　号	ISBN 978-7-5139-4671-1
定　　价	68.00元

注：如有印、装质量问题，请与出版社联系。

献给我的父母
是他们给了我好奇心和乐观主义精神
鼓励我不断向前看

———

献给汤姆
我们之间的交流大多与爱相关

前　言

当年，我的外祖父母在恶魔阿道夫·希特勒的迫害下离开欧洲，前往美国开始新生活。我的母亲当时只有 10 岁。在探访了巴勒斯坦和哈瓦那之后，一家人最终选择定居在纽约。经过漫长的西进旅途，一家人的签证马上就要过期，但阿姆斯特丹的美国签证官给他们的建议是："下一艘船来的时候就上去吧！到达之后肯定会让你们下去的。"一家人照做了，也最终成功地在 1937 年登上了埃利斯岛。

我的外祖父曾经在德国的莱比锡城拥有一个小型的加工零售公司，到达美国后，他决定在百老汇和纽约的第 31 大街开一间皮具店，出售皮夹、钱包和其他配件。我的妈妈莉莲负责产品创意，也帮助外祖父设计一些吸引女性消费者的产品。1949 年，在和我父亲结婚后，妈妈为了改善生活，决定每周再额外多挣 50 美元。当时像妈妈这样的女性出门工作并非合宜之举，谁这样做就是等于在说自己的丈夫挣的钱不够养家，所以居家干活的妈妈说自己是"在衣柜里工作的人"。因为家里有外祖父这样的优质皮具供应商，妈妈开始设计并销售自己的手袋和腰带，并为顾客提供定制化服务——在商品上刻制他们名字的首字母。24 岁的莉莲在《十七》杂志中刊登自己的第一份广告时[1]，还对全球贸易毫无概念，她只是想改善自己和家人的生活。

没过多久，妈妈发现自己似乎无意间从美国市场缺失的商品中挖到了宝。战时人们购买皮具都有严格的份额限制，而她销售的产品恰恰是市场最为紧缺的。大量女性进入劳动力市场，购物时间被大大压缩——足不出户就能订购到全球的新颖商品被证明是非常有诱惑力的商业创意。妈妈在厨房餐桌上一步步创办起来的零售公司后来成了第一家在美国股票市场上市的、由女性创办的企业。那张创业餐桌——上面还有我幼年时的勾勾画画，与母亲的画像一起被华盛顿的史密森尼学会（Smithsonian Institution）收藏。

在读完大学和商学院之后，我加入了莉莲·弗农公司，与妈妈并肩战斗了 20 年。她的远见以及敏锐的市场嗅觉为公司奠定了坚实的基础，我也能够以此为契机，把公司进一步发展为现代高效企业，每年为几百万用户提供优质服务。在这一过程中，我不仅得到了从零开始发展企业的经验，还能因此环游世界，了解美国与全球互联互通的诉求。随着公司不断发展，我们一直在寻找与本地商店销售的货品不同的新颖产品，在这种信念的驱使下，我们穿越大洋，为公司零售店找寻最独特、最新颖、价格最实惠的商品。慢慢地，我们逐渐了解了美国消费者的真正诉求。

虽然我妈妈并没有意识到自己做的是国际化业务，但回顾当时，我们确实是一个全球化的企业。1972 年尼克松在进行他著名的访华之旅时，莉莲·弗农是其中颇受欢迎的品牌。我们从全球网罗

---

1. 1951 年 9 月，莉莲·弗农（Lillian Vernon）此时还是弗农特品（Vernon Specialties）。

好物，我也曾多次参加中国进出口商品交易会（简称：广交会）找寻美国市场上买不到的好东西。我至今还清楚地记得1981年我第一次去中国，从香港飞到现在的大都市广州，即使在当时，这座城市也比现在的洛杉矶还要大，但当时还是一片荒凉的景象，机场附近没什么通电的地方，我们的登机牌是一张比纸巾还要薄的纸；在飞机上从前往后走，越走就越发现排与排之间的距离越来越窄，人们似乎并没有认真测量这之间的距离；过道里的灯会突然亮起，飞机降落的时候却又熄灭了。

但落地之后，迎接我们的却是充满了创造力的人民和新颖的商品：从我今天仍在使用的带盖青瓷汤碗到明代破碎花瓶制作的吊坠（我们称之为"被拯救的明代花瓶吊坠"）。我们遇到了一位香港企业家迈克尔·谭（Michael Tam），他负责工厂的质量监管，保证商品质量，并打上"中国制造"的标签。在和中国商业伙伴的合作中，双方共同协作，根据消费者的需求生产出优质产品，在进出口贸易中将全球化的优势最大化。在之后的几年里，中国进一步扩大开放，回顾历史，这也是最不可思议的部分，在我到访中国后的几十年里，这个国家发生了天翻地覆的变化。我第一次去中国时，街道两旁到处都是自行车，之后是电动车，现在是大量汽车。这告诉我们，当与世界互联时，一个国家将会有所收获，也会有所损失；这也提醒了我们，听起来非常宏观的进出口贸易，却能切切实实地影响人们的生活和国家的命运；最重要的是，这让我想起了当年作为美国进出口银行（Export-Import Bank of the United States，缩写EXIM）董事长兼行长时常讲的一个故事，我常常与那些有意向全球拓展业务的小企业主分享这一故事，现在也希望与各位读者分享。

在远古时代，可以追溯到最早的赫拉克勒斯的神话，传说认为直布罗陀海峡的两侧各矗立着一根巨大的柱子，所有怀有西游冒险梦想的水手都会读到上面的警告：Nec Plus Ultra。这句拉丁语的意思是"超越此处，再无他物"，代表着已知世界的终结。

几个世纪以来，大部分欧洲人认为海的另一端是一片荒芜。直到哥伦布发现了美洲之后，这种认识才得以改变。发现新大陆的消息很快传回了西班牙，国王查理五世下令将这条古老的格言"Nec Plus Ultra"缩略为"Plus Ultra"，意思是"超越极致"。这句话被作为西班牙的国家格言保留了下来，甚至被写到了西班牙的国旗上，篆刻到赫拉克勒斯柱之间飘荡的旗帜上。

事实上，很多历史学家认为这些柱子（以及环绕它们的写着"Plus Ultra"的旗帜）将成为全球最具辨识度、最有意义的象征：不断提醒着人们，即使是在今天，促进繁荣发展的机遇仍未被局限在国界之内。或许你早已发现？

美元符号也有着诸多象征，但最主要的是象征着机遇。对美国来说，美元符号代表的是稳定与安全，代表着繁荣、生存和创新的机会——投资教育、文化、科学和人民福祉的机会。对于今天的美国家庭来说，美元符号代表着储藏间的日常用品和汽车上的新轮胎；生病就医时的一份安心；儿女继续接受教育的学费；为退休准备的储蓄；想要创业、冒险、追梦时喘息的空间。不管怎么说，积蓄常常就像是Plus Ultra旗帜一样缠绕在生命的支柱之间。

好消息是，自从哥伦布时代以来，很多事情都变了，包括人们对哥伦布的评价，但这条西班牙格言没变。只要我们愿意践行"Plus Ultra（超越极致）"，国家的繁荣和民众个人的发展机遇仍然可以实现，并且还能不断拓展和丰富。

在详细展开讲"超越极致"的内涵之前，我先声明一下，本书并不是一本有关赫拉克勒斯、哥伦布、西班牙纹章或类似内容的书，我们要在这本书里探讨的是比这些更有趣的话题：贸易。从最基本的定义出发，贸易是指人与人之间为了共同的利益而进行的商品或服务的交换。换句话说，贸易是我们在跨国流动时为个人和他人获取净赚利益的机会。但过去很长一段时间以来，贸易却不断被复杂化和妖魔化，成了解释经济疲软的常用借口，面对千变万化的新世界水土不服时的烂借口，仇外者和国家主义者所憎恨的事物。对于很多美国人来说，无论是左翼还是右翼，贸易就像是一件上不了台面的事。别忘了700多年前马可·波罗在丝绸之路上历经千辛万苦的跋涉，别忘了各大陆的冒险家们在无边的海洋上探索新大陆的艰辛，那又是为什么当今的贸易却如此饱受争议呢？

我写这本书是想与各位分享这个公开的秘密：贸易虽然有时候很复杂，但它并不神秘，它或许不会是两党的热门之争，没办法用三言两语解释清楚，也不会是你和朋友在茶余饭后常聊到的话题，更不会成为民众日常所担心的事项。尽管如此，不管你是谁，持有什么立场，关心的是什么，贸易都与你的生活息息相关。除了会影响我们日常生活中购买的几乎所有物品的价格之外（从杂货店到手机应用商店，从药店到汽车经销商），贸易也深深地影响了我们的生活，决定着你的收入、你邻居的收入和国库的储备水平，以及这些财富能否进一步提升。贸易深深影响着个人和国家的财富，它是战争中的强大工具，是国家之间和平相处的关键因素。从笔记本电脑到手机再到牛油果吐司，生活中很多人们习以为常的事物，都与贸易息息相关。

我之所以能够掌握这么多与贸易相关的知识，是因为我曾经有八年的时间作为美国出口融资方面的负责人，担任美国进出口银行董事长兼行长的职务，我负责帮助各类美国企业寻找境外发展机会，从费城知名冰淇淋企业贝赛斯（Bassetts），到波音公司

(Boeing)，到通过丰富的供应链让全美乡村人民都能有份工作的卡特彼勒（Caterpillar）。从缅因州的工厂车间到加利福尼亚的设计实验室，都留下了我的脚印，我曾与数千名以"超越极致"为指导精神的工人和企业家交流。在威斯康星州的奇珀瓦福尔斯，我见证了一座有着 14 000 位居民的小镇是如何在贸易的帮助下实现振兴的。百年消防车制造商达利（Darley）占据着全美三分之二的消防车出口市场，通过向老挝、尼日利亚出口而重获新生，为所在社区提供了 100 个新岗位。在新罕布什尔州的纳舒厄，我曾拜访一家名为博伊尔能源（Boyle Energy）的小公司，这家公司研发了一种全新的发电厂清洁测试技术，能够大幅降低成本和碳排放，但美国消费者对这项伟大的技术却不买账。在新贸易机遇的推动下，该公司承接了近 30 个国家的 400 多个项目，营业额翻了一番，公司团队从 12 人增长到 50 人。在得克萨斯州的梅斯基特，一家名为弗里茨－帕克（Fritz-Pak）的小型家族企业曾为美国体育馆供应混凝土掺合料。在美国国内订单减少时不得不采取裁员政策。但当国际贸易打开大门时，这家企业重振活力，再次为巴西的足球场提供原料，并将之前裁减的本地员工重新招聘回来。

  这些工作对于员工家庭和所在社区的重大意义，远不止一张支票这么简单。我曾遇到过很多在工厂车间和设计实验室里工作的人，这些工作带给他们自尊和目标感，也提升了工人的自我意识，加深了与社区之间的联系。但这并不是说只有在车间或设计实验室里工作才能受到贸易的积极影响，如果你曾吃过苹果，曾喝过苏格兰威士忌（或基安蒂酒或喜力啤酒），或曾经看过任意一集的《权力的游戏》（Game of Thrones），那你就是享受着贸易所带来的无穷尽的好处的受益者之一。甚至你手中现在拿着的这本书，也很可能是使用了从多个国家采购而来的技术和产品制作而成——如果你是在某种设备上阅读或收听的,其中所包含的科技和产品数量恐怕更多。

贸易有缺点吗?当然有。就像其他你所熟悉的政策条款一样,贸易也会带来一定的影响——会带来赢家和输家,即使不参与贸易,也会受到影响。能够为美国市场带来相对廉价的牛仔布的贸易,可能会导致路易斯安那州的布料厂大规模裁员,很多家庭陷入困境——同时也拉低了全美服装店里蓝色牛仔裤的价格,但对于消费者家庭来说又是一个降低采购成本的好消息。一般来说,很多贸易带来的后续影响无法在前期清晰地测算出来。预测贸易对价格、工作和行业发展影响的过程有点像在预测天气:不管预测结果如何以数据为基础,人们对其多么自信,都无法百分之百确定相关的因素是否会突然改变。贸易政策的初衷是尽可能地通过预测和协商公平交易,让美国人民享受到贸易的好处,但在其中,难免会出现输赢,或者说贸易的本质正是如此。

贸易政策往往是在华盛顿哥伦比亚特区敲定的,而华盛顿却也恰好是其最吵闹的亲戚——贸易政治——的大本营。贸易政治将强大的利益集团、受欢迎和不受欢迎的行业,以及与选举相关的因素都牵扯到贸易的等式中,打破了原有的基本规则。随着贸易政治的逐渐风行,一些具备强大游说能力的行业(例如油气和医药)、区域投票影响力(例如中西部制造商和农民)或者带有美国人美好回忆的旧式行业(例如煤炭开采)等,都开始发挥着作用,结果是有关贸易的决定不再取决于利弊,而在于什么对国家更有意义。

以特朗普在任期间对国外钢铁和铝所采取的关税政策为例。在外行看来,关税从本质来说就是自由贸易协定的反面:不是开放大门来促进国与国之间双赢的贸易,而是从实际上闭关锁国,政府企图用这种方式保护本国利益。例如,美国没有购买价格较低的进口牛仔布来降低国内服装价格，而是向购买国外布料的顾客加收关税，这样一来，美国制造商就不用和更优性价比的对手竞争了。其中的理论依据是：利用税来抬高商品的价格，减少竞争，保护美国的工作岗位不受威胁。但实际的结果往往是关税让我们与整个世界隔绝，全球市场照常发展，美国逐渐边缘化。虽然保护政策能暂时在人为干预的情况下保证美国市场的繁荣，但也阻碍了行业接受最新技术，导致发展停滞，无法和别国在国际舞台上抗衡。就像一只被囚禁的动物，永远都学不会野外生存的必备技能。关税带来的影响很难撤销，一旦企业习惯了这种保护，就会不顾一切地维持现状。与此同时，关税也会难以避免地让其他国家对美国出口的货品征收报复性关税，这将影响美国企业向95%的海外潜在顾客的销售，拉低了美国制造的销量，导致国内就业率降低。这就是我们所说的彻头彻尾的坏决定。

但特朗普丝毫没有停下来，他在2018年3月1日宣布对从部分国家进口的钢铁和铝加征高额关税，这一行为明显是针对中国（2017年，中国是美国的第十大钢材进口国），但像加拿大（2017年，加拿大是美国的第一大钢材进口国）等其他国家也因此受到牵连。官方对此给出的法律解释是：施加关税是"维护国家安全"，考虑到很多传统的盟国例如欧盟和墨西哥也因此受到影响，这一理由略显牵强。在特朗普2016年大选宣传期间，他曾承诺以征收关税作为"阻止公司裁员的方法"。这确实是一种拉拢中心区域钢铁工人的有效政治手段，事实上此举也罕见地争取到了中西部进步党人士的支持，例如俄亥俄州议员谢罗德·布朗（Sherrod Brown）。但在随后的几个月中，美国人也见证了当贸易政治逐渐主导贸易政策时带来了什么样的后果。

究竟特朗普的关税政策能暂时拯救多少钢铁和铝业工人的工

作，这一点无从得知，但我们能够预测到其他可能出现的后果。剃须刀刀片、煎锅、冰箱、汽车的价格将会全面上涨，依赖于这些金属的美国主要行业——包括农业、航空业、能源和建筑业——都将会因为成本上升而受到重创，导致大量员工下岗，失业人员数量无法估量。与此同时，这些行业所出口的产品也在国际市场上失去竞争力！其中一个与美国人的生活息息相关的典型产品——美国啤酒业——已经表示，关税政策将会使美国啤酒生产的成本每年提高大约3.5亿美元。小型酿酒厂已经在担心飞涨的成本是否会迫使自己关门，而像米勒康胜（MillerCoors）这样的业界巨头也开始向消费者发出警告，昔日习以为常的饮冰啤酒的习惯，在未来有可能要成为奢侈的喜好。更严峻的是，美国生产铝和钢铁的能力相对有限，即使征收关税的初衷是强迫美国企业"购买本国原材料"，但本国产量并不能满足自身的需求。在特朗普宣布此政策后，就曾有美国石油管道所有者和经营商联合发出警告：美国钢铁产量仅能满足大约3%的石油管道建设需求。对于很多公司来说，关税并不能促进本国行业的发展——只能让进口产品以及本国仿制他国的类似产品价格飞涨。

列举以上事例——或者换句话说，我写本书的目的——就是要把贸易这件最为重要的全球问题之一说清楚、讲明白。如果人们都误以为贸易生涩难懂而放弃了主动了解的权利，实际上就是任由意识形态和暴利追逐者在这一问题上左右我们的看法。如果贸易被别有用心的人掌握，它就不再是拯救人民脱离贫困的工具，无法让发展停滞的社区再次运转起来，不能激励创新，更不会巩固经济的发展。只要美国人民对贸易还存在误解，它就可以被人作为迷惑民众、分裂民众的工具，即使机会出现在眼前，我们也会视而不见。

幸运的是，贸易并非生涩难懂，搞清楚也不需要多高的学历。

在本书里，我们将一起解开谜题，搞懂争议，并把所有零碎的信息点连接成线，让读者能够从更完整、更宏观的角度了解贸易，以及它是如何影响日常生活中的方方面面的。在本书中，读者将会了解到《北美自由贸易协定》（NAFTA）是如何成为争议双方的民粹主义拳击袋；了解美国如何避开了10美元香蕉的陷阱。最终读者将在这本书中发现特朗普的那条闻名世界的"贸易战是个好东西，打赢它很容易"的推特到底是不是真的（剧透：并不是）。

最后，我们将利用6种生活常见物品及其背后的小故事来揭开贸易的神秘面纱：塔可沙拉、本田奥德赛汽车、香蕉、苹果手机、大学学位，以及家喻户晓的HBO热门影视剧《权力的游戏》。读者将通过这6个故事，了解贸易是如何影响自己的，以及我们如何利用贸易改善家人的生活，让美国和全世界向着更好的方向发展。要做到这一点并不难，其实主要的工作在于让美国这个对贸易尚有误解的国家能够坦诚地面对贸易中的利弊权衡。在这之后，我们的农民、工人和企业家的机遇都会大大增加，还能够让全国各地的蓝领、白领和一些无领家庭都能过上更舒心的生活。请与我一起跨过生僻的缩写名词的海洋，越过"最惠国待遇"和"多哈回合"这类让人摸不着头脑的行话，最终到达知识的彼岸。

一个更强大、更可持续的经济正在等待着我们，与之并肩的还有更明智的政治决策。当然，就像过去的探险者一样，只有在你愿意加入之后，我们才能一同起航。那现在就一起开始吧！

· 目录 ·

贸易术语一览　　　　　　　　　　　　　　01

第一部分
一双慧眼，看清贸易　　　　　　　　**001**

第一章　美国贸易博弈史　　　　　　　002
第二章　北美自由贸易的"骗局"　　　023
第三章　国际贸易的谣言与真相　　　　043

第二部分
六件商品，讲清贸易　　　　　　　　**067**

第四章　舌尖上的地球　　　　　　　　069
第五章　车轮上的文明　　　　　　　　080

I

第六章　"香蕉"共和国	097
第七章　苹果与赤字	112
第八章　"出口"学位，"进口"学生	126
第九章　"玩"才是刚需	137

第三部分
十字路口，何去何从

149

第十章　这个世界会好吗	150
第十一章　拿什么拯救贸易	167

结　语	192
关于作者	196

贸易术语一览

关于贸易，最令人头疼的事情之一就是所涉及的术语，各种各样的生涩词汇和内部行话，公众很难看懂。我记得每当第一次碰到这些术语时，总是希望能够借助小抄或者APP了解。因此，我将一些可能会出现在贸易中的术语列举在以下指南当中，欢迎各位读者学习选用，也可作为"唬住"家人、同事的知识，或者在必要的时候作为你在聚餐时的谈资。

反倾销和反补贴税（AD/CVD）

不要和澳大利亚的摇滚乐队AC/DC搞混。AD/CVD是"反倾销和反补贴税"（antidumping and countervailing duties）的缩写。国家有权对从他国进口的商品征收关税，以鼓励消费者购买本国产品。如果怀疑部分产品售价过低（反倾销）或其生产国进行了不正常的补贴（反补贴）时，政府可征收该税种。

金砖国家（BRICS）

不要和建筑材料搞混。金砖国家（BRICS）是五个新兴经济体的首字母缩写，成员国对组织的归属关系比较松散，它们分别是：巴西（Brazil）、俄罗斯（Russia）、印度（India）、中国（China）和南非（South Africa）。这五国占据了全球超40%的人口，对于国际经济形势有着重要的影响。

美国外国投资委员会（CFIUS）

不对，不是西绪弗斯，不过答案已经很接近了。CFIUS，即美国外国投资委员会（Committee on Foreign Investment in the United States），是一个由多个政府机构领导者构成的组织。当美国企业参与国际贸易中时，CFIUS 会作为监管者，确保这一过程中不会产生影响国际安全的危机事件（比如，如果某国企业想要收购美国海军基地附近的美国企业时，该机构就会进行干预）。

比较优势（Comparative Advantage）

一切贸易的基础原则！一个国家的比较优势是指它在经济活动领域优于其他国家的地方。比方说，沙特阿拉伯的地理位置就是它在发展石油业上的比较优势，但却不利于它发展水稻种植，所以对于这样的国家来说，它的发展模式就应该是出口石油、进口水稻。

多哈回合（The Doha Round）

自 2001 年开始，以降低各国间关税为目的的一系列谈判。七年后，这一系列对话以崩溃告终。很多时候谈判各方很难确定会议的主题，所以就简单地以开会地点作为会议的名称。

自由贸易协定（Free Trade Agreement）

两国或多国之间旨在促进贸易而签订的协定，这个概念本身是不是就充满争议？"自由"指的是这类协定规定减少或豁免进口关税（就像你在机场购物的免税店）。

七国集团（G7）

全球七大经济发达国家每年齐聚讨论全球经济及其他议题的论坛。G7 最早兴起于 20 世纪 70 年代，当初是为了回应阿拉伯石油禁运，成员国包括美国、英国、德国、日本、法国、加拿大和意大利。1997 年，俄罗斯加入，成为第八个成员国，组织名称也随之转变为 G8，但俄罗斯在 2014 年因克里米亚问题退出。另外有一个规模更大的组织二十国集团（G20）也在定期举行会议。

美国进出口银行（EXIM）

美国国有银行，为美国私营企业提供经济援助，赢得出口订单。从2009年起，作者管理该机构达八年的时间。

《关税与贸易总协定》（GATT）

一个签订于1947年的友好协定，旨在降低第二次世界大战后的贸易壁垒，促进全球经济合作。后被世界贸易组织（WTO）取代。

国际货币基金组织（IMF）

IMF，另一个第二次世界大战后成立的国际组织的缩写，旨在促进189个成员国的经济稳定发展。与世界银行（World Bank）不同，IMF更关注整体经济和财政预算健康，而不是脱贫工作和基础设施建设。

知识产权（Intellectual Property）

近年来全球商贸的主要前沿话题，又称为"IP"或者"IPR"（R指的是权利）。作为一种无形资产，在贸易过程中常被视为一种服务而不是一种商品。知识产权包括版权、商标权、专利权、特许经营权和技术设计等创意成果。

最惠国待遇（Most Favored Nation）

有时也会被称为"MFN"或"PNTR"（永久性正常贸易关系），指的是一国给予另一国的贸易地位，常作为自由贸易协定的条款之一，双方都将自身最优贸易条款给予对方。对于美国来说，这已经不再是一个专属俱乐部了，除古巴、俄罗斯和朝鲜外，所有的国家都享有"最惠国待遇"。听起来也没什么特别的。

《北美自由贸易协定》（NAFTA）

该协定的签订初衷是让美国、墨西哥和加拿大三国成为亲密无间的贸易合作伙伴和强大的经济组织，最初由罗纳德·里根（Ronald Reagan）提出，乔治·H. W. 布什（George H.W.Bush，"老布什"）负责谈判，在比尔·克林顿（Bill Clinton）执政期间签订落地，并最终于1994年1月1日生效。这一协定极大地改变了人们看待和评论贸易的方式。

经济合作与发展组织（OECD）

另一个在第二次世界大战之后创建、以促进贸易合作为目的的经济促进组织。其成员国定期召开会议讨论相关政策并设定贸易标准。一些观点尖锐的学者称之为"无穷尽的讨论及对话小组"（Organization for Endless Conversation and Dialogue）。

原产地规则（ROD）

用以确定商品的原产地的规定——这个问题有时候很难回答！

世界上其他国家（ROW）

与横穿特拉华州一点关系没有。ROW 指的是美国政府内部的说法，表示"世界上其他国家"，即除了美国之外的所有国家。

斯穆特 - 霍利关税法（SMOOT-HAWLEY）

1930 年由美国国会通过的一项命运多舛的关税法案，主要内容是提高对美国盟国进口商品的关税。这些被针对的国家联合起来，以提高本国对美国进口商品的关税作为反击，逼停了美国的贸易，放大了股票市场崩溃后的消极影响，也加剧了大萧条时期的经济惨状。

贸易调整援助（TAA）

一项广受诟病的计划，最初由约翰·F. 肯尼迪（John F. Kennedy）总统提出，主要是为了弥补受自由贸易政策伤害的美国民众的损失，具体措施包括支付报酬、提供职业培训或其他优惠等。

关税（TARIFF）

一个税目！一项消费税，也是销售税。不管从哪个角度去看，这都是一个税目。更具体一些，这是在本国国民或企业购买进口产品时，国家对其征收的税务。关税可以用来增加国家收入或保护本国企业，减轻国外竞争对手所带来的压力——但不管怎么说，最终买单的都是消费者。

关税税率配额（TRQ）

关税税率配额是贸易壁垒的一种，它对某类进口产品设定一个配额——在配额达到之前，该产品的关税税额非常低，一旦超过配额限制，超出部分的进口产品将面临天价关税。美国对乳制品实施了关税税率配额，这样既可以享受到优质法国奶酪，又能阻止外国牛奶进入市场。

贸易促进权（TPA）

TPA是贸易促进权（Trade Promotion Authority，又被称为"快速通道授权"）的简称，是指在贸易协商期间，国会可以将此权移交给总统。当某项贸易协定只需国会的决议，无须后续修订时，为了让其他国家更加真诚地进行谈判，可采取此项措施。国会在一般情况下并不愿意进行授权。

《跨太平洋伙伴关系协定》(TPP)

美国和 11 个太平洋国家之间签订的自由贸易协定,其成员国占据 40% 的全球经济。特朗普上任后的第一天就决定让美国退出这一协定。

《跨大西洋贸易与投资伙伴关系协定》(TTIP)

美国和欧盟之间的自由贸易协定(同样地,协定中没有出现"自由"这一字眼),如获批准,这一组织将集合全球两大较主要的经济体。

《美国-墨西哥-加拿大协定》(USMCA)

一项意在取代《北美自由贸易协定》的贸易协定。这一协定是《北美自由贸易协定》的升级版,对其中部分规定进行了修订,同时加强了原协定中的劳工保护条款。

美国贸易代表办公室(USTR)

负责制定美国贸易政策的政府机构。这一机构的负责人也被称为美国贸易代表,一旦需要进行贸易协定谈判,负责人将作为美国首席代表出席。贸易代表也可称为大使。

筹款委员会（WAYS AND MEANS）

美国众议院中的委员会，负责处理与贸易相关的议题，例如关税与自由贸易协定条约等。参议院中这一机构被称为金融委员会。

世界银行（WORLD BANK）

另一个在第二次世界大战后设立的机构，其主要任务是通过资助基础设施项目、支持国家经济发展等措施缓解全球贫困。

世界贸易组织（WTO）

世界贸易组织于1995年取代关税与贸易总协定，当时有164个成员国，旨在为国际贸易中的冲突争议设定相关法律及规定。

零和游戏（ZERO-SUM GAME）

零和指一方的胜利一定会导致另外一方处于惨败境地。例如在扑克游戏中，我所赢的数额将恰好是一位或多位输家输掉的金额。贸易中有赢家也有输家，但绝不是一场零和游戏。

第一部分

一双慧眼,看清贸易

第一章
美国贸易博弈史

虽然美国公司每年都出口价值 70 亿美元的吸尘器零部件，但贸易并非诞生于真空之中。想要了解什么是贸易，就要从其发展而来的历史背景和政治环境入手。接下来，我将借助球队之间的交易来解释一下，可能会便于理解。比方说，科罗拉多落基山队需要一个投手，而恰好芝加哥白袜队有富余选手，那么两队之间就可以取长补短，达成双赢合作。但由于受到美国国内政治因素和地缘政治的影响，国际贸易要比这复杂得多。比如《北美自由贸易协定》中就有很多条款是有关移民、区域安全，以及禁止扰乱进出口秩序的非法毒品交易的。如果假设纽约扬基队拼命干扰辛辛那提红人队的正常发展，或者假设堪萨斯市皇家队被法律禁止再向体育界输送游击手，那么棒球界的交易将会困难重重。所以，事实证明，除了都和海盗多少有点历史联系外，棒球间的贸易和全球经济贸易毫无共同之处。

在妥善处理 21 世纪最重要的贸易问题之前，我们需要整理一下思绪，搞清楚贸易到底是什么。要做到这一点，我们应该首先认识到，贸易是一种工具，如果不了解它的用途，我们很难看到贸易的价值所在。贸易可以满足美国国内对一些特定商品的需求，例如石油、牛奶和钢铁。实际上贸易这一最基础的逻辑原理就是它最重要的用途所在。经济学之父亚当·斯密（Adam Smith）曾在1776年解释过这一理论的依据："如果外国能够以低于本国制造的价格提供同样的商品，最好选择从他国购入，但本国也需负责部分制造的过程，保证本国仍具备优势。"在亚当所在的年代，这样的想法可以说是非常领先了！英国经济学家大卫·李嘉图（David Ricardo）后来对亚当这一概念进行了充分解释，最终成了我们所熟知的"比较优势原则"。当代经济学家、麻省理工学院的大卫·阿瑟（David Autor）告诉我，这也是为什么当代经济学家们都"非常虔诚地认为贸易都是好的"。大家都知道，对于社会这个集体来说，贸易是个好东西，但具体到个人当中，情况并非如此。

即使在现代，贸易也不仅仅是一种经济工具，人们出于安全、政治和外交目的，都会用到贸易。在某些具备全球战略意义的地区，贸易不仅能够赋予领导力，还可以调控区域间的关系，维护动荡地区的稳定，协助（或禁止）特定理念的传播。虽然政客们一直向民众宣扬自由贸易协定将会带来优质的工作机会、拯救行业发展等，但事实上这些都不是政府最关心的事，有时候他们最关心的只是哪个国家签订了协定，又有谁默默退出了。

在总结如今美国利用贸易的手段之前，我们需要搞清楚过去的三个世纪以来，哪些主要因素影响了美国的贸易政策。先别被吓跑！这些知识其实非常简单，我在接下来的几页内容中就能说清楚。其实说到底，影响美国贸易政策的只有两大因素。

第一个因素其实非常简单，如果你读到这句话的结尾时还没想到，可能会要埋怨自己（时间到）。第一个因素就是地理位置，更具体一些，北美大陆的独特地理位置和环境特点。在现代历史的进程中，欧洲在外交和贸易方面的世界霸权不得不根据其邻国的情况而布局，欧洲本身不具备维持长久繁荣所需的全部自然资源。如果你规划种植小麦、发展农业的地方恰好是群山围绕的区域，那么孤立政策可能并不是一个好的选择；如果你的"邻居"不巧还是一个傲慢无礼、时不时上门找碴儿的国家，那你在处理国际关系上还需要一些技巧。因此，欧洲面对的是一个互联互通、联系紧密的贸易环境，而美国面临的是广阔海洋，不得不自力更生。

有时，我们引以为豪的自力更生都是幻觉。比方说，美国南部早期的经济发展还不是依赖于武力强暴的奴隶制。但不管怎么说，美国人还是坚持着自力更生的信念，孤立主义的思想深入人心。从早期的殖民时代到西进运动，再到后面一代代人的努力发展中，依靠自己和自己的土地的理念深深地扎根于美国思想中。虽然随后的珍珠港袭击事件在之后的70年里曾动摇了美国人的观点，但第二次世界大战是彻底改变了这一美式基因，还是只是短暂一击，仍有待观察。但不管怎么说，美国在地域上的独立性和资源的丰富性，都能够让它在没有全球贸易的情况下继续发展。话又说回来，如果全球贸易停摆后，美国虽然比其他国家境况要好，但这也并不完全是一件好事，回顾历史，没有全球贸易的美国可能不会像今天这样如此繁荣。

第二个因素说起来可能有些复杂，但各位读者读完这本书后定会顿悟，甚至有可能成为美国对外贸易历史方面的专家。对于这个因素，我们把科罗拉多落基山队换成电影《洛奇》，这部电影不仅为西尔维斯特·史泰龙（Sylvester Stallone）斩获了全球近20亿美元的票房，并且成为电影文化史中的经典之作，其成功的秘诀，其实也正是美国从皮草猎人、无敌舰队、普利茅斯洛克种鸡时代，一直到特朗普政府期间进行贸易的要素——设敌，找到自己的宿敌。

但在各个历史发展时期,美国都曾为了自身利益而积极地推行各种贸易政策,并且不同时期的政策都是根据美国不同历史时期的对手国而定。洛奇·巴尔博亚(Rocky Balboa)是一位伟大的拳击冠军,他不断战斗、退役,又从退役中重新站起来,这一系列奋斗的动力都来自他的对手。就像美国早期与英国的关系一样,洛奇早期的宿敌阿波罗·克里德(Apollo Creed)后来成了他最亲密的盟友。美国好比洛奇,随着苏联势力的崛起,美国重返全球竞技赛场,洛奇和美国一样,在外部对手的刺激下采取了一步步的行动。当然,在这一过程中,内部的纷争也发挥着一定的促进作用。

接下来我们将深入了解这些年来曾对美国产生威胁,并使之制定相应贸易政策的对手国,深入了解贸易在政策制定中所扮演的角色。更重要的是,了解在未来的发展中,贸易能够发挥或者说应该发挥什么样的作用。但在这之前,我需要先发布一个重要的免责声明:以下只是精简版的美国贸易史。三个世纪可不是一瞬间,在历史的长河中会有许许多多的前因后果,本书不会一一详述。所以,为了读者着想,本书的叙述将会从一个重要历史事件直接跳到另一个历史事件,不再详细描述前因后果或具体信息。不过不用担心!你还可以从很多其他的书里了解到详细的美国经济史。现在,本书将重点关注我们需要了解的部分历史。

1号宿敌:英国

最后一次引用《洛奇》做类比,这里的故事发生在1775年的费城,具体来说是1775年的第二届大陆会议。当时的讨论重点是如何应对英属北美13个殖民地和其位于伦敦的责任政府之间不断激化的矛盾。英国的国家金库被七年战争耗尽，这之后的12年间，英国王室企图通过向大西洋地区的殖民地征收日益严苛的税收来增加收入，此举激怒了殖民者——由于在议会中没有代表来维护自己的利益，他们的发声也无人顾及。课税政策点燃了导火索，引发了北美13个殖民地的抗议活动，塞缪尔·亚当斯和他的同胞也受到启发，组成"自由之子"协会。当乔治三世国王利用其贸易政策从北美搜刮钱财时，愤怒的波士顿城居民通过一系列公共行动进行报复，其中最著名的是波士顿茶党，他们把从东印度公司运来的342箱茶叶毫不留情地倒入了海内。

后面的故事就不用我多赘述了。列克星敦和康科德战役于1775年爆发，《独立宣言》被起草，阐明了渴望独立的理由以及不满情绪："为了切断我们与世界的贸易"，甚至在没有代表的情况下第一次提到税收。美国由此诞生！它是血腥的正义革命之子，而这场革命的核心则是人们最关注、最重要的话题：进口税！

毫不夸张地说，从建国之日起，贸易就深深扎根于美国的思想中。宪法获得批准后，美国国会的第一项重大法案就是制定关税，用税收偿还战争债务，保护新兴的美国制造商免遭廉价英国进口货的打击，这正是亚历山大·汉密尔顿（Alexander Hamilton）的思想结晶。这时的汉密尔顿，还不是多年后人们所熟知的百老汇歌剧中的人物（为那些粗心略过前文介绍部分的读者提个醒：关税是一个国家为购买指定外国商品而对本国公民征收的税款，从本质上讲是通过提高进口商品的价格，以鼓励本国国民购买国内产品）。1789年的关税引发的一场辩论，在塑造之后125年的美国政治中发挥了巨大作用：以汉密尔顿为代表的一派希望战略性地使用关税来保护美国工业；以托马斯·杰斐逊（Thomas Jefferson）为代表的另一派认为关税不应过高，仅可用于增加税收来为政府筹集资金（此时还没有所得税）。

客观来看，随着辩论逐渐深入，双方的理论也越来越站不住脚。但这场辩论中体现的分歧却一直贯穿美国的历史，直到今天。汉密尔顿代表了北方城市的利益，坚持推行高关税政策，保护美国制造商免于国际竞争；杰斐逊坚持限制关税，代表的是南方的稻米、烟草和棉花种植者的利益，他们所生产的粮食作物有很大一部分要出口到欧洲。而在当时，农业对美国经济的贡献率约有90%。即使农业经济逐渐被工业经济取代，最近又被数字化经济取代，但关税政策究竟应该优先满足城市居民还是农村居民的利益，这个争议仍然困扰着美国。

但美国也突破了自我。在汉密尔顿赢得了争论后，美国从此进入高关税时代，防止廉价的英国进口货阻碍美国本土商品的发展。美国政府于1790年成立了一支关税征收巡逻部队来保证政策落实效果，这一部队后来被称为美国海岸警卫队（United States Coast Guard）。即使是曾经站在对立面的杰斐逊后来也提出：美国要想生存下去，只发展农业是不行的。后来美国曾与大西洋地区一道推行了一段时间的贸易保护主义，让纺织和钢铁等年轻行业趁机逐渐站稳了脚跟。城市也在不断蓬勃发展，联邦政府借高昂的进口关税获得了充裕资金，当时的美国与读到这里的各位读者都未曾想到，后来故事的走向会被拿破仑改写。

是的，拿破仑！当法国皇帝决定征服欧洲时，美国的宿敌——英国——陷入了另一场代价高昂的战争。迫于资源匮乏，英国人开始从美国船上扣押货物甚至水手，并以前国王的名义强制将他们纳入英国军队。时任总统的杰斐逊面临军事和经济方面的双重巨大压力，最终决定先从经济方面入手，于1807年签署了禁运条款，阻止美国进口英国商品。此举的初衷是通过禁止英国在美业务，迫使乔治国王改变主意，但杰斐逊没想到的是，帝国的优势之一就是区区一国市场无法阻止本国的发展。英国国王转而将目光投向南美，以此弥补美国市场的损失，并且南美国家还不会向英国征收高昂关税。事已至此，美国才发现深陷经济泥淖的原来是自己。在经济战中败北后，美国痛定思痛，故技重演，对英国发起了1812年战争。

三年后，这场战争留给美国的除了空空如也的国库和越来越不堪一击的白宫，所剩无几。对面的英国也没捞得任何好处，双方都希望能修复关系。战争加剧了孤立，美国经济因此朝着两个不同的方向发展：在进口受到限制的情况下，北方借机迅速发展制造业、培育其他产业，而南方则在国外市场被切断的情况下困难重重，举步维艰。当时的美国资金短缺，约90%的国家收入仍然依赖关税，随着战争落幕，为重振国家经济，新的进口关税政策也随之实施。来自英国的威胁逐渐消失后，美国国内也出现了相对的民族团结时期，又被称为"好心情时代"（Era of Good Feelings）。剧透：好景不长。

2号宿敌：美国自己

正如哈姆雷特、弗洛伊德博士和杰基尔博士所说，一场重大的冲突里，不一定有第二个角色。这也正是在1812年战争之后，美国与欧洲的关系解冻，与下一个宿敌之间关系的概述。战争结束后，高关税并没有被废除，而是被保留下来用以筹集资金，支持北部工厂的振兴，限制南部的种植园的发展。随着美国因奴隶制问题而陷入分裂，高关税更是加剧了矛盾。工业发展所带来的利润不仅能扩大生产能力、积累资本，还能赢取越来越多的政治权力。每增加一种关税，南北方的经济鸿沟就会被拉大一些，北方则会趁机巧妙地利用从关税中获得的资金，为新加入联邦的西方州发展基础设施，从而巩固自己的阵营。

矛盾终于在1828年选举年达到了白热化。当时的总统约翰·昆西·亚当斯（John Quincy Adams）签署了关税法案，后来被其批评者冠以"可恶的关税法案"（Tariff of Abominations）这一颇具历史色彩的标语。新法律对几乎所有进口商品都征收38%的统一税率，课税之重，就连刚刚交到的好朋友英国都开始通过削减本国进口美国棉花的数量作为报复——这对南方种植业无疑又是一大打击。关税生效之时，新总统早已在选民的支持下就任：这位富有魅力的南方民粹主义者通过掀起一波反北（和反关税）情绪，笼络了南部和西部的民心。

理论上来说，安德鲁·杰克逊（Andrew Jackson）确实是拯救南方农民的一剂良方。但当时南卡罗来纳州采取了前所未有的冒进战略，不但无视刚颁布的关税法案，甚至公开表示考虑退出联邦——杰克逊为了维护国家的权益和国家宪法，背弃了自己的家乡和支持者们的热情。随后，在拒行联邦法危机（Nullification Crisis）中，杰克逊总统在千钧一发之际派遣美军前往查尔斯顿，结果导致了副总统约翰·C.卡尔霍恩（John C. Calhoun）的戏剧化辞职。最终双方妥协，总统同意在接下来的10年中降低关税水平，但这给南北关系带来的损害已经无法弥补，倘若之前国内各地区之间的"好心情"仍有一息尚存的话，也在北方贸易政策与南方愤怒的冲突中消失殆尽了。

贸易不是导致30多年后内战爆发的原因，南方州迟迟不愿放弃其令人憎恶的奴隶制才是罪魁祸首。但不能否认的是，70多年来，双方就关税问题的分歧从未停歇过，不断煽动着怨恨之火，并在美国成立初期就埋下了矛盾的伏笔。即使在今天，争论的焦点已经从南北双方如何看待全球贸易转向以城市为中心还是以农村为中心，仍然能依稀看到当年的矛盾所留下的影响。贸易政策一直是美国最受关注、讨论最多、最紧要的问题，直到后来奴隶制吸引了关注。并且由于北方总能享受到有利的关税政策，导致南方出口市场不断缩减，南方便更不愿放弃奴隶制。如果说南方农场主还在幻想着分裂之后就能享受到不被约束的贸易市场，那么这种幻想没过多久就破灭了。关税不仅代表着一种哲学立场，还是冰冷无情的金钱的化身。长期的战争需要高昂的资本支持。极具讽刺意味的是，不久之后，不仅联邦，甚至邦联政府都开始被迫征收高额关税来资助内战。

战争结束时，已经没有人问美国的贸易政策到底是为工业化的北方还是农业化的南方服务了。在强势的北方钢铁工业的支持下，一个新的、支持关税的政党——共和党逐渐崛起，当时的钢铁工业仍依靠限制廉价的外国进口货物以实现增长。在亚伯拉罕·林肯（Abraham Lincoln）当选后的半个世纪中，共和党44年里都坐享参议院中大部分席位，并且赢得了连续六届的总统选举。尽管民主党在这半个世纪当中的18年里对众议院具有一定的控制权，但关税支持者在众议院面前并不受欢迎。这是工业革命的关键时期，属于烟囱和廉价公寓的时代，正是繁荣发展、人口数量不断攀升的时代，在这样的背景下，美国确实能够与世界隔绝，并保证自身的经济发展不受影响。大量的移民涌入也促进了北方制造业的发展，电报和跨州铁路占领了西部的荒野。随着经济的不断发展，新的问题逐渐涌现，劳动者和消费者也因此面临严峻后果。

19世纪80年代，民主党人格罗弗·克利夫兰（Grover Cleveland）首次在民众中普及"高关税将带来高物价"的理念——贸易等式中的这一端与人们的日常生活息息相关。

工人阶级数量激增、工资停滞不前、城市环境恶化，在工厂里劳碌的工人们的利益开始与富裕的雇主们的利益渐行渐远。过不了多久，对很多美国人来说，保护美国工业所带来的利益，远不如更便宜的衣服、玩具和工具来得实际。美国已经不再是一个自命不凡的新生国家——制造商们也不再是需要人民照顾和保护着而远离外部竞争的婴孩。

关于保护主义的辩论让曾经坚不可摧的共和党分裂成进步和传统两个阵营，威胁到美国建国124年以来关税至上的贸易政策。民主党于1913年改革取得突破后，关税至上的理念更是遭受严重打击，国家决策层意识到，美国的快速发展以及随之而来的道路、设施等基础建设、国防等都需要所得税的资助。《第十六条修正案》是一个巨大的转折点，它将联邦税收的主要来源由进口关税转变为所得税，美国人仅剩的唯一一个支持关税的理由由此被推翻。在修正案通过后的第二十九天，民主党人伍德罗·威尔逊（Woodrow Wilson）进入白宫，表示应削减对筹集资金无贡献意义的关税。但是，当第一次世界大战爆发时，所有贸易政策都变得毫无意义，全球贸易戛然而止。

美国参与20世纪全球事务的初次体验并不美好。共和党人被赶下台之后不久又重新夺回执政大旗，但在这短短的过程中，贸易的世界却发生了翻天覆地的变化。美国制造业开始不再满足于现有的本土顾客群体，与此同时，随着通信和运输业的发展，欧洲经济体在其破碎的版图上进一步整合。共和党人错过了签订备忘录的时机，试图通过大幅度提高关税，重返工业繁荣的辉煌时期——秉承贸易保护主义的共和党领导层在12年执政期间没有让沃伦·哈丁（Warren Harding）、卡尔文·柯立芝（Calvin Coolidge）或赫伯特·胡佛（Herbert Hoover）被雕刻上总统山。而其中最为臭名昭著的行径就是制定《斯穆特－霍利关税法》。正是这一规定提高了成千上万种进口产品的关税，从香水、灯泡到通心粉。

对于美国的盟友欧洲和加拿大来说，《斯穆特－霍利关税法》是一个突破点。各位盟友因此采取了报复性措施，有效地阻止了美国在进出口两个方向上的贸易发展，导致美国的国际贸易状况降至"冰点"，也因此变得非常容易受到国内市场波动的影响。可以说，当股市崩盘时，在很大程度上由于《斯穆特－霍利关税法》的影响，经济下跌时无法得到有效缓冲，从而引发了后续的大萧条。

3号宿敌：苏联

贸易曾经是美国政治中最关键的要素，但在20世纪漫长的中叶时期，美国对贸易的关注度逐渐消退。大萧条的余波、罗斯福新政（the New Deal）中的承诺，以及迫在眉睫的欧洲法西斯主义的问题都成为全美热议的话题。同时，随着现代化的发展，南北经济的分界线也开始模糊。与之前的战争一样，第二次世界大战让人们付出了巨大的代价，但也改变了美国这个国家及其运作方式。大量的战时工业需求促使经济重整旗鼓，工人工资突破历史新高，男性在海外应征作战，大量女性因此开始工作，大大改变了美国的劳动力市场面貌，带来了无限潜力。

轴心国军队的败北虽然未带来太多实际后果，但同样具有批判意义，美国开始重新考虑其在世界中的地位。之后，907个犹太难民曾乘坐"圣路易斯号"抵达佛罗里达海岸,向美国申请庇护时遭到拒绝;返回欧洲后,同批中数百名难民在大屠杀中丧生。这个时代的恐怖内核前所未有地渗入了美国人的内心,对恐惧切身的体验让人们无法再忽视这些问题。在我家里,我们都深深铭记着我的母亲与安妮·弗兰克(Anne Frank)的年龄相仿,大家都为了逃避纳粹而在1933年从德国移居到阿姆斯特丹。战后,世界团结起来,不再让这样的惨剧发生。所有美国人,无论来自哪里,都意识到海洋已经不再是保护美国独善其身的屏障,无论是军事冲突还是意识形态冲突,最终都将从他国蔓延到美利坚大地。我们目睹了冷漠带来的惨痛后果,更强大的力量也意味着肩上更多的责任。

托马斯·杰斐逊在1801年的就职演说中诠释了乔治·华盛顿卸任时留下的信条:"与各国和平相处,加强商业往来,并保持真诚的友谊,但不与任何国家结盟。"但是华盛顿和杰斐逊并没有想象到飞机、奥斯威辛集中营和核武器,也无法预见到经济繁荣或一个错综复杂的全球贸易体系可能会带来的生存安全问题。如果美国希望继续发展经济、满足人民的诉求,就要积极参与国际事务。而当美国最终舍弃贸易保护主义、进一步打开国门时,世界也张开双手,开放了国际市场迎接。当时我们还不知道,此举也给那些以怀疑和恐惧的眼光望着外面世界的美国人打开了一扇大门。

美国首次以一个军事大国之外的形象登上世界舞台。我们在全球重建中的新关注点不仅是外交或慈善事业,而且要为美国商品打造一个市场。在担任美国进出口银行董事长时,我注意到在银行资助过的国外主要基础设施项目中,美国国内就业也得到了拉动,使美国融入了他国的经济中。20世纪30年代,在进出口银行的资助下,美国公司协助修建了泛美公路(该公路最终将从布宜诺斯艾利斯延伸至阿拉斯加)和滇缅公路,并提供了工程中所需的克莱斯勒、福特和雪佛兰卡车及其他设备。

仍然郁郁不得志的欧洲为了维持国际秩序而大声疾呼，筹办了一系列跨大西洋的机构。根据马歇尔计划（The Marshall Plan），美国将协助欧洲重建，进出口银行再度提供资金，国际货币基金组织、世界银行以及《关税与贸易总协定》负责这一项目的收尾工作。虽然三个机构扮演的角色不同，但都是为了同一个战略目标：将全球自由国家的经济和利益紧密联系在一起。这一机制使美国受益匪浅，在21世纪余下的这些年里成为全球最大出口国，以及当今最大的经济体。

在战后团结的背景下，新的威胁势力在东方慢慢崛起。战争期间，美国、欧洲和苏联面对的是同一个敌人，但随着西方各国团结一心，复兴全球经济、实现大西洋贸易的自由化时，苏联则选择退出一体化阵营。

人类历史上没有哪个时期比当时更清晰更明确地表明，世界已经一分为二。在短短的几年内，全球经济环境已经从数百个在区域内合作，彼此之间开展零星业务的单个国家转变为两个巨头对峙的简单局面——双方市场都对本阵营的成员开放，却对另一边的成员大门紧闭。在"第一世界"[1]中，发达的西方国家借助人们对电视、冰箱和家用汽车等消费品的新需求而繁荣起来。在"第二世界"中，贸易受严格控制。发展中国家的"第三世界"成了双方争夺的焦点，这里将成为未来意识形态拉锯战的关键战场。

在随后的几十年中，两派在军事和经济上持续不断地向各国施压，但同时也给了它们奋进的动力。对美国而言，苏维埃像是一个

---

1. 此段落中的"三个世界"的划分是本书作者的论述，与中国的"三个世界理论"不同。——编者注

前所未有的妖怪，神秘又强大。苏联的存在让美国的学童们（包括我在内）在空袭演习中慌忙钻到桌子下，促使美国的核心工业发展到达新高度，就像电影里面的洛奇远离故土，离开自己的安全区而与伊万·德拉戈（Ivan Drago）这个冰冷而坚定的机器般的对手抗衡一样，美国也进入了全球赛场。

自由贸易是共和党成立早期开始使用的术语。最初，"自由"一词专门指对进入该国的商品不征收任何进口税。但到了1962年，由于开放市场已成为世界生活的标志性特征，自由贸易这一术语开始具有新的含义。那年，约翰·肯尼迪（John F. Kennedy）总统在国会发表国情咨文，主张采取与前任民主党总统不同的理由来倡导自由贸易。自从格罗弗·克利夫兰（Grover Cleveland）时代以来，肯尼迪就一直主张利用贸易将物价降至最低水平。对于总统来说，最重要的信息应该留到他那广为人知的演讲中：

> 我们需要新的法律，一种全新的方法，一个美国贸易政策所需的大胆的新工具。我们的决定很可能会影响到西方的团结、冷战的进程，以及美国未来一代的经济增长……我们面临着一个共同的挑战：促进自由贸易的繁荣——建立一个新的贸易共同体和伙伴关系，让所有自由国家都可以从高效的自由竞争中受益……这是我们当下行动的指南，也是对未来的愿景——我们期待一个独立而又相互依存，团结了北、南、东、西各个地区的大家庭，一个摆脱了笼罩我们整个时代的仇恨与恐惧的国家……逃避不会让我们心安、退让不是解决方案、不去承担责任就永远得不到解脱。

肯尼迪认为，自由贸易是让世界保持自由的方式。贸易已不再仅仅是增加收入或降低牛奶价格的工具，而是已经脱胎换骨地成为在全球范围内实现和平、秩序和道德领导的工具——能将全世界观点一致的国家紧紧团结在一起。

4号宿敌：日本

尽管苏联作为20世纪主要国家的形象深入人心，但事实上它更多的不是经济发展，而是存在主义威胁。西方国家在20世纪五六十年代利用低贸易壁垒吸引到众多新的海外订单，逐渐繁荣发展起来。另一边的苏联仍然固执地沿用计划经济制度，结果导致东部集团的经济效率低下和资源短缺。当时的美国虽然极力阻止苏联攻势，避免核毁灭，但没想到在成功路上还有拦路虎，另一位竞争对手从半路杀出来，制造出比美国更优秀的产品。

这就是日本。日本的撒手锏是什么？质量。日本经济快速增长的原因可以追溯至冷战初期的偏执狂心理，这可是有点儿讽刺。作为"马歇尔计划"的受益方，日本从美国获得了大量的财政和发展援助，帮助其迅速实现战后繁荣。美国当时的赌注是：一个繁荣又自给自足的日本不太可能屈服于苏联，但他们没押到的是，日本最终会成为一个如此难对付的竞争者。

日本人称之为"经济奇迹"（経済の奇跡），美国人更熟知的表述是"日本经济奇迹"（Japanese economic miracle）。不管怎么称呼它，背后的故事都令人震惊。在不到40年的时间里，日本从一个停滞发展的小国，经历了战败和核武器袭击，最终成为全球较大经济体。到了1960年，日本的工业总产值达到了战前水平的350%，接下来的 10 年中，日本国内生产总值的增长率多次超过 10%。日本的崛起有以下几大驱动力：政府政策、鼓励生产的精神，以及迅速从保护主义到激进的出口政策的转变。这种模式不完全是资本主义特色，其中政府大量参与国民经济交易，积极支持一些具有战略意义的私人公司（一种与美国思想不同的概念，被称为"国家冠军"）——政府会对那些能产生超额利润的公司赋予特权，最终结果是工资更高、政治和经济更稳定。话虽如此，但日本经济也并非由国家严格控制。最重要的是，日本是第一个破解有关技术和先进制造技术法规的国家，这将重新定义 20 世纪末期最受欢迎的消费产品。

冷战正酣时，美国很难会被吓到退而转向贸易保护主义，但日本丰田却让美国做到了。第二次世界大战时期，这个有着 12 年历史的汽车制造商濒临破产。1950 年，丰田总共生产了 300 辆汽车，但经济复苏后的日本开始与西方展开贸易时，丰田抓住了机会，于 1957 年在加利福尼亚建立了一家工厂。在 1950 年至 1960 年之间，日本汽车的出口数量跃升了近 200 倍，丰田之后，又有日产、本田、斯巴鲁、三菱等公司进入美国汽车市场。它们成功的秘诀已经是公开的秘密：日本汽车虽然重量更轻、马力更低，但跑起来却性能更好、使用寿命更长，而且比底特律产的所有美国货都更可靠。

没过多久，日本汽车就成了高品质的代名词。丰田汽车超越了大众汽车，成为美国第一大进口汽车品牌，随后又超过通用汽车，获得了全球最大汽车制造商的称号。在新对手的竞争、威胁面前，美国汽车制造商的第一反应仍然是老办法：利用关税，将更便宜、性能更好的外国货拒之门外（当英国纺织品是广受欢迎的新玩意儿时，乔治·华盛顿就曾采用过这一招）。1964 年，林登·约翰逊（Lyndon Johnson）总统对轻型卡车征收 25% 的关税，几十年后，此举被证明至少为约翰逊的民权议程争取到了美国汽车工人联合会（United Auto Workers）的支持。信不信由你，这一关税今天仍然存在。在未来的几年中，底特律将充分利用其在中西部地区的政治实力，要求对进口车辆征收大笔新税。

贸易保护主义的抬头或许提振了美国皮卡市场，但实际上关税的魔力在过去两个世纪中已经削弱很多。法国在19世纪50年代远赴美国，并在宾夕法尼亚州开设自己的炼铁厂，但还是没能逃避关税，但日本却能够利用同样的方法，在20世纪这个更加开放的世界中做到这一点。到1988年，本田、日产、马自达和丰田在俄亥俄州的马里斯维尔、田纳西州士麦那、密歇根州弗拉特罗克和肯塔基州的乔治敦建造了工厂。很多日本汽车是由美国汽车工人组装的，这一事实消除了部分美国消费者购买"外国汽车"的污名。美国人疯狂迷恋日本汽车，30多年后，这份热情仍未削减。

日本所带来的威胁之所以如此具有革命性，是因为与美国之前的宿敌英国和苏联不同，日本曾是一位盟友，不是一个庞大的帝国。日本拥有混合型经济的自由市场，对贸易保持开放，也加入了国际货币基金组织、关税与贸易总协定以及经济合作与发展组织（简称：经合组织）等合作机构。贸易和技术正逐渐融合在一起，美国打败对手的唯一方法就是进步。因此，底特律决定锐意进取，引进日本的新技术提高美国汽车的质量。美国消费者很满意，因为他们有了更多高质量产品的选择。但在这过程中又因为引入了更多的机械化设施，减少了雇用劳动力，导致很多劳工对此表示不满。

20世纪90年代初期，日本经济开始陷入衰退。但在这之前，日本已经利用汽车蓝图垄断了美国的家用电子、玩具和其他主要领域的市场，"日本制造"成了高质量的标杆，一甩当年外界对日本制造业的早期观点。美国的制造业工作岗位从1979年的近2000万的历史最高水平开始下滑，此后一直不断削减，直到后来从2008年大萧条中恢复过来。当时制造业岗位数量仅剩1150万左右。虽然工作岗位锐减，但美国制造业的产出在这一期间一直在稳步上升，这也证明了，不管怎么说，技术确实能让我们用更少的人工生产出更多的产品。

在与日本竞争的过程中，美国模仿对手，学会了拥抱技术发展，从而无意间掀起了全新的贸易时代。第一次，美国贸易政策中出现的最大失误不仅仅是因为政党或地理位置，还与劳动力（重视工作岗位和薪资）和企业（重视生产和利润）有关，在技术和质量这两个因素参与并改变了贸易等式结构之前，劳动力和企业总是保持同步发展。从20世纪70年代中期开始，工人的时薪不再与公司的业绩挂钩。正如美国劳工联合会-产业工会联合会（AFL-CIO）主席理查德·特鲁姆卡（Richard Trumka）所说，就在这一时刻，企业与工人共进退的这一观念被打破了。[1]随着战线结构被打破，大多数共和党人（工商界的长期支持者）与大多数民主党人联合起来，尽管他们与劳工界保持联系，但自南北战争结束以来，一直坚决主张低贸易壁垒。到20世纪80年代中期，几乎所有人都成了自由贸易者。正是在这种新形势下，里根总统提议，老布什总统将展开谈判，比尔·克林顿总统随后签署的这项自由贸易协定将使美国与其亲密的邻国联起手来，这项协定就是《北美自由贸易协定》。

---

1. 例如，1948—1973年，生产率提高了96%，而收入增长了91%；自1974年以来，生产率提高了77%，工人的小时工资仅增长了12%。

5号宿敌：中国

有关《北美自由贸易协定》的细节部分稍后我们再探讨。毋庸置疑，这一协定从根本上颠覆了整个美国贸易，这时恰逢一个新兴世界大国的崛起。美国好不容易走出了摇摆不定的建国初期，熬过了南北方的分歧期，抗住了来势汹汹的日本的进攻，却没想到下一个时代正在酝酿当中。在 20 世纪的大部分时间里，中国在世界舞台上一直非常平稳，但一系列国内综合性经济改革却为它未来的全面繁荣奠定了基础。1978 年，中国开始对国民经济进行大规模改革，让这个国家更适应全球竞争。中国既不接受西方资本主义，也不执着于过去的经验。当时出现过一句非常有名的话："不管白猫黑猫，捉住老鼠就是好猫。"在中国改革开放后，国家层面开始支持几乎所有主要行业和多达 10 亿的人口。此时的中国，已经具备了成为全球主要经济大国的基本要素。但反观美国，即使在理查德·尼克松（Richard Nixon）1972 年著名的访华之旅后，仍没有意识到中国这个新兴国家所追求的可能不仅仅是经济上的成功，而事实也证明了，中国的确想要争取更多的全球影响力。

随后，消费产品巅峰已逝，数字时代随之而来，有形商品生产的经济意义被削弱，取而代之的是服务和知识产权的发展不断高涨。从这个角度来说，美国也已经做好成为全球最大的服务出口国的准备，占据了有利的地位。当美国将出口重点从传统的劳动力密集型制造业向娱乐业和金融服务业等利润丰厚的数字行业转移时，中国也在向产业链的上游发展。随着 21 世纪的到来，中国逐步摆脱廉价的"中国制造"服装、玩具和其他基本产品生产商这一美国熟知的形象，转而成为战略性关键产品如新能源汽车、医疗设备、IT

产品和飞机等的供应国。不仅如此，中国还在一系列五年计划[1]的指导下繁荣发展。中国庞大的经济规模和生产能力，再加上本国从以数量为主转向以质量为主的意愿，毫无疑问其将成为世界经济体的亮点。

当全球各个国家都在努力摆脱2008年全球金融危机的阴影时，美国也在寻求一种方法，想在21世纪最关键的领域率先采取行动。这次，我们的手段还是贸易。巴拉克·奥巴马（Barack Obama）总统带头在太平洋地区策划了一项重要的自由贸易协定，扩大了美国在这一区域的影响力，同时不忘把中国排除在协定之外（至少最初签订时是这样的）。《跨太平洋伙伴关系协定》（缩写：TPP）中的12个国家代表了全球40%的经济总量。这既能减少中国邻国对其商品、服务和市场的依赖，又能加强美国与这些国家之间的经济联系。TPP的精神可以追溯至肯尼迪总统的理念，也就是将贸易作为道德领导工具，除此之外，这一协定的作用还在于确保美国能够制定有关劳工权利、性别平等和环境标准的全球商业规则，如果中国想参与该地区的经济活动，那就必须遵守以上准则。对于美国经济、全球工作条件以及美国全球地位来说，跨太平洋伙伴关系至关重要。

在2016年总统大选之前，TPP得到了两党不温不火的支持，即使在多年后，《北美自由贸易协定》所带来的伤口仍未完全愈合。就全球化、自动化以及经济变化局势方面，美国并未向民众完全坦白。两党中的贸易保护主义者对白宫发起叛乱运动，谴责TPP，并要求美国采用孤立主义实现自我防御。在左翼阵营中，参议员伯

---

1. 中国从1953年开始实施第一个"五年计划"。从"十一五"起，"五年计划"改为"五年规划"。——编者注

尼·桑德斯（Bernie Sanders）将自由贸易协定贬低为公司用来巩固权力、压榨员工的工具。虽然桑德斯在民主党初选中落败，但他的竞选活动所带来的热忱的支持浪潮足以让民主党候选人、前国务卿、前TPP支持者希拉里·克林顿（Hillary Clinton）转而坚定地反对这一协定。在右翼阵营中，特朗普不顾共和党的意见，坚持对TPP大肆批判，称之为"烂协定"。在2016年6月俄亥俄州圣克莱尔斯维尔举行的竞选集会上，特朗普进一步批判TPP，称"《跨太平洋伙伴关系协定》是一场由那些想要摧毁美国的特殊利益集团推动的灾难……"六周之后，特朗普当选为共和党总统候选人。

2017年1月，特朗普上任后的首批举措之一就是签署行政命令，宣布美国退出TPP。美国退出后，协定仍持续生效。随后，新的自由贸易协定出现——《区域全面经济伙伴关系协定》（RCEP），其中包括TPP的成员国日本、澳大利亚、越南、新加坡、新西兰、马来西亚和文莱以及印度和其他亚洲国家。美国本想建立以自己为首的太平洋经济集团，挫败中国发展领先地位，但现在这一梦想就此被打破，取而代之的是新的经济组织。而美国却先后提出对钢铁、铝和其他商品征收新关税，引发了与欧洲、中国和加拿大之间的贸易战。同时，在"美国优先"信条的指导下，特朗普政府公开破坏北约和其他西方联盟——全然忘记自第二次世界大战以来，正是这些组织和协定帮助美国在战后崛起并成为全球最大的经济和军事力量，现在需要面对的是与中国的这一新型大国关系：中美之间紧密相连，既有合作，也有对抗。

第二章
北美自由贸易的"骗局"

1992年10月15日,7000万美国人的目光锁定了里士满大学,关注着三位总统候选人进行第三次辩论,坐在礼堂里观看辩论的是209位犹豫不定的选民。毫无疑问,选举辩论的第一个问题肯定是有关贸易的。毕竟老布什即将与加拿大和墨西哥签订一项新条约,签订后,世界上最大的自由贸易区将诞生。这一自由贸易协定的概念最早是13年前由当时的总统候选人里根提出的,连接整个北美大陆的自由贸易协定是一个政治谜题,很多民众都无法理解,甚至很多政客也讲不清楚。20世纪80年代末期,随着谈判进入白热化,两党内部的节奏也被打乱。

上文说的贸易协定就是《北美自由贸易协定》,它的初衷是解决跨大西洋区域的问题。随着"冷战"残余的影响逐步弱化,美国各州也渐渐意识到,本国最大的威胁来自盟友,日本的汽车和电子行业对市场的冲击就是这一趋势的苗头。在第二次世界大战后很长一段时间的平静中,欧洲趁机逐渐恢复、强大起来,柏林墙被推倒后,再也没有什么能阻碍欧洲大陆的经济发展。在冲击真正抵达美国之前,预兆已经出现:欧洲的未来将是团结的欧盟。1992年2月,

《马斯特里赫特条约》(Maastricht Treaty,即《欧洲联盟条约》)的签订代表着欧盟正式成立——一个具备五亿体量的新欧盟,即将成为前所未有的强大对手,威胁着美国的发展。

美国自己不可能再组建联盟了,这招在216年前已经用过了,但美国也的确不缺友邻。1984年,团结起来的欧洲开始让美国恐慌,国会投票赋予里根总统"快速通道授权"(fast-track authority),让他分别与加拿大和以色列进行贸易条约谈判。在此快速向大家介绍一下"快速通道授权":如果总统被授予这项权利(近来人们更多地把这项权利视为"贸易促进权"或TPA),意味着国会成员将无权干预、阻挠或反对总统提出的贸易协定中的具体条款,国会唯一能做的是在政府最终提交的协定表决中投赞同或反对票。这对于即将与美国签订协约的国家来说非常重要,他们讨厌自己在谈判完成或协定通过之后,美国的政策制定者反过来又对条款大幅修改。通常来说,国会议员不愿意直接投赞成或否决票,他们更希望对提议案提出修改意见或表达自己的观点。但有时为了贸易条约,国会也会妥协,这样才能加速谈判进程,并且当其他国家得知国会无权干预条款时,会认定美国对此非常坚定,不会轻易动摇,对方也更容易妥协,协定也更容易达成。但对于20世纪80年代中期的这份双方都能获利的贸易协定来说,签订的过程非常顺利:众议院以368∶43票,参议院以96∶0票通过。与之相对比的是2015年有关"快速通道授权"的一次投票,远没有20世纪80年代的这次顺利——国会之间的默契不见了。

1988年,美国和加拿大签署了《美加自由贸易协定》(缩写:CUSFTA),这个缩写的发音类似咳痰的声音。该协定推动了贸易进程,将本已经很低的关税彻底取消,还开放了两国间的跨境竞争和投资。不甘落下的墨西哥很快就争取到了专属的自由贸易协定,而加拿大又开始担心美墨交易会削弱自己刚刚与美国达成的新协定的效力，最终三国决定谈判出台一项新的贸易协约来取代之前的《美加自由贸易协定》。到 1992 年总统大选的最后阶段时，《北美自由贸易协定》几乎全部签署完成，但各党派的派系之争又引起了大家的注意。

这是一场奇怪的竞选，不仅是因为美国人不习惯严肃的第三方候选人出现。在 1991 年"海湾战争"结束后，老布什坐拥 89% 的超高支持率，20 个月之后的大选看起来胜券在握。但随着经济不断衰退，洛杉矶警察殴打罗德尼·金（Rodney King）事件引发的民族冲突，以及民主党年轻而富有魅力的候选人——阿肯色州州长比尔·克林顿这匹黑马的出现迅速削弱了老布什的声望。到了 1992 年夏天，盖洛普民意调查（Gallup）统计的老布什的支持率已经从打破纪录的最高峰跌至最低谷——29%。

然而，此次竞选中的未知数，竟然是一位来自得克萨斯州的身高 5 英尺 5 英寸（约 1.65 米）的亿万富翁，名叫罗斯·佩罗（H. Ross Perot）。这样的候选人，前无古人后无来者，佩罗曾是一名计算机销售员，后来成功创办了 IT 和数据处理公司 EDS（Electronic Data Systems）。在 1992 年决定竞选总统时，佩罗没有任何政治经验，并且一上来就提出了与众不同的政治主张：他重点着眼于减少联邦赤字，支持堕胎，支持 LGBT 权利，并公开建议将医疗保险扩大覆盖到所有美国人，这一概念在几十年后才出现在进步的民主党人士中。佩罗掀起了一阵"反建制"[1]的热潮，给所有人都带来了新机会，所以在 6 月的盖洛普民意调查中，佩罗以 39∶31∶25.3 领先于老布什和克林顿。但一个月后，他突然毫无征兆地退出竞选。后

---

1. 指反对现有权力架构建立起来的制度模式。

来在接受《60分钟》节目采访时佩罗解释，他退出竞选是为了挫败老布什利用计算机更改的照片来破坏他女儿婚礼的阴谋。

在确定自己在所有州都有被选举权，并且女儿卡罗琳安全无恙地举行完婚礼之后，佩罗于10月1日重新回到大选。虽然之前的缺席导致其支持率降低，但两周后当佩罗与老布什和克林顿一起在里士满登上舞台时，他仍然是这场竞选中的未知数。辩论开始后的第一个问题是针对佩罗的，一位听众问他计划如何"打开外国市场，实现与美国企业的公平竞争，如何叫停国外企业在美国本土的不公平竞争，把工作机会带回美国"。共和党和民主党候选人给出的回答听上去大同小异：老布什吹捧《北美自由贸易协定》，称它将促进美国出口相关工作机会的增长，并捍卫"自由和公平贸易"是"拯救美国的力量"；克林顿谈到有必要扩大美国的出口基础，从而确保贸易协定为美国本土创造的新就业机会超过海外的；但佩罗的回应却反驳了两党的传统观点，也与前两位候选人的答案不同，引起了所有人的关注：

> 对于听众中的各位商界人士来说，这非常简单。假设您现在是以12美元、13美元或14美元的时薪支付给工人，如果您能够将工厂移至国界线以南，那边的劳动力时薪是1美元，如果您从事该行业多年的话，还能招到年轻工人。成熟的员工队伍就组成了。时薪1美元，不需要医疗保险，这可是汽车制造行业中成本最高的环节，没有环保控制，不需要控制污染，没有退休年限规定。除了赚钱，您什么都不用操心。这就是来自南方的巨大的吮吸声。

这场辩论迅速席卷全国，佩罗在三周后的选举中赢得了将近

19%的选票,但"巨大的吮吸声"却在佩罗的发言结束之后久久地回荡在国家大舞台。尽管两党双方都有官员支持《北美自由贸易协定》,但这一协定却没有像老布什及其继任者克林顿所预期的那样——成为焦点。来自美国全国广播公司和《华尔街日报》的民意调查显示,民众对《北美自由贸易协定》的支持率仅为27%,反对的公众则占了34%,而在调查中占据最大比例的是"不确定"——占总调查人数的40%,考虑到《北美自由贸易协定》在竞选中曾是颇为惹人瞩目的议题,这个比例的数字已经很高了,也反映出政客和媒体并没有清晰地传递信息。一年后,在佩罗和新任副总统阿尔·戈尔(Al Gore)之间的一场公开的电视辩论之后,这位得州商业大鳄的人气走低,之前的调查结果也随之发生改变。

老布什监督了《北美自由贸易协定》谈判进程并在卸任时签署了协定,接下来需要在比尔·克林顿的监督下确保它能顺利通过国会继而生效。为了缓解自己党内的贸易怀疑论,新总统上任后没有急着批准协定,而是等到一年后与墨西哥政府达成一系列缓解环境和劳工问题的附带协定之后才确定。到1993年8月,新总统已经完成既定目标,但环保组织和劳工领袖又嘲笑协定内容不够深入。随着国会议员开始越来越多地纯粹关注就业("巨大的吮吸声"现象),美国国内支持《北美自由贸易协定》的政治力量也逐渐消失。人们随后也逐渐意识到,这一协定本身并非创造就业机会或是保护美国贸易的。

最终,该协定以微弱优势通过国会决议,于1993年11月17日以234∶200的投票通过了众议院决议,多数民主党人投反对票,这是在共和党少数派的坚持下才得以通过的。三天后,同样的剧情在参议院中重演,由于总统所在政党一票否决了这一协定,最终是由共和党人以3∶1的比例投票通过。《北美自由贸易协定》将从1994

年元旦开始正式成为美国的一项法律。在美国公众眼中，该协定所带来的影响将永远地落在这位总统肩上。虽然克林顿最终选择支持这一协定，但美国民众都记得他既没有提出，也没有参与协商，更没有负责签订这一协定，并且他所在的政党在国会两院都对这一协定提出了反对。

为什么是《北美自由贸易协定》？

围绕这一协定所展开的所有争吵、斗争和竞选活动，似乎都没有解决一个重大问题：这一协定的意义何在？大家都心知肚明，它的支持者们在设想建立自由贸易区时的目的并非创造更多的工作机会，并且，经济强大的欧盟所带来的压力不可忽视。就其价值而言，协定本身有六大特定目标：

1. 消除贸易壁垒，促进三国之间的贸易；
2. 促进该地区的公平竞争；
3. 为跨境投资机会敞开大门；
4. 加强对知识产权的保护；
5. 建立争议解决程序；
6. 为进一步的三边合作提供框架，扩大各方利益。

这些目标全部合情合理，并且协定的签订也促成了目标的实现。但是《北美自由贸易协定》的真正目标要比这复杂得多，振兴经济一点也不比缓解区域矛盾简单。

《北美自由贸易协定》通过后的前10年，拉美地区并不好过。

20世纪60年代和70年代的繁荣让墨西哥、阿根廷和巴西等迅速发展的国家大力投资基础设施和工业，资金都是由国家向外国商业银行借来的大笔贷款。20世纪70年代中期的全球经济衰退使以上各国无法偿还贷款。后来石油价格暴跌，比索[1]暴跌，依赖石油的墨西哥经济陷入混乱。墨西哥政府收取的全部税收的三分之一来自墨西哥国家石油公司（PEMEX）的高额税收；到了20世纪80年代中期，噩梦降临。

当邻国发现财富没有流向自家腰包，反而反向流出的时候，墨西哥国内的债务危机自然而然地引发了美墨南部边界新的紧张局势。"非法"墨西哥移民首次在美国历史上成为国家热议的问题，这一概念实际上20年前还没有出现，当时第一部禁止从南部入境的法律才刚通过。1984年，"非法"移民问题已经或多或少地成为竞选中的热门话题，就像相互牵绊的发条一样，这一问题刚渗透到政治氛围中，美国人民就开始盲目地将南部邻国与毒品和犯罪联系起来。虽然墨西哥也毫不例外地因为经济的崩溃而确实加剧了以上两大问题，但可以肯定的是，美国的孤立主义势力和对外国人的怀疑心理与美国在20世纪80年代和90年代对墨西哥的看法转变有很大关系。

先不说是否合理，很多政治家在考虑美墨关系时都会想到从20世纪80年代初开始，美国民众对毒品走私的担忧和美国攀升的暴力犯罪率。如果排除对本国的影响，自由贸易协定确实很可能刺激墨西哥经济的增长，考虑到进入美国市场将有助于墨西哥提高GDP和摆脱债务危机，还能与美国和加拿大实现经济一体化，这也是一股长期稳定的力量。随着墨西哥逐渐实现经济繁荣，美国可以帮助其

---

1. 拉丁美洲部分国家的货币。

从根本上缓解毒品贩运问题，并阻止大批从南部边境过来寻求机会的移民。正如墨西哥前总统卡洛斯·萨利纳斯在回顾时提到，在北美自由贸易区，美国人面临着"墨西哥西红柿或西红柿采摘员工的选择"。当然，华盛顿与墨西哥城之间更为牢固的伙伴关系将进一步缓解南部两千英里边界的紧张局势，并且让墨西哥成为美国在世界舞台上的盟友。从本质上讲，美国就像是房主，通过提供工具帮助邻居改善房屋的价值来提高自己的房产价值，尽管这确实有种家长式大包大揽的姿态，但仍然不失为有效策略。

《北美自由贸易协定》旨在解决各种各样的问题，包括遏制移民、遏制非法毒品、稳定墨西哥、为美国农民争取更多客户、联合整个大陆所有国家对抗欧洲出口方面的竞争优势等，还展示了贸易作为工具是如何完美地实现美国的国家目标的。但正如条条大路通罗马，所有政治问题都导致就业问题，不管协定是如何实现了既定目标和潜在目标，但它所创造和摧毁的工作岗位数量，永远都不会成为《北美自由贸易协定》官方考虑的一部分，而正是这一指标，决定了《北美自由贸易协定》将成为美国的胜利还是历史上的污点。

结果怎么样？

各位读者可能已经发现，评价《北美自由贸易协定》成功与否，完全取决于衡量的标准是什么。如果根据协定的原意，只关注所设定的六个目标，那么完全可以得出"它已经实现了目标"的结论。

从GDP角度来说，美国、加拿大和墨西哥现已成为全球较大的自由贸易区，并且自从协定签署以来，各个国家在全球经济中的竞争力都大大增强，三国之间的关系也日益牢固（当然，后来情况发生了一些变化）。在过去的这些年里，本地区的贸易自由流动，加拿大和墨西哥一直是美国最大的进出口合作伙伴，反之亦然。实际上，《北美自由贸易协定》成立之后的第一个10年，三个国家之间的贸易总额就翻了一番，从3060亿美元增至6210亿美元，各个国家的经济都在增长，并且随着新进口商品的涌入，美国的消费价格也降低了。《北美自由贸易协定》尤其受到美国农民的欢迎，他们也正是支持它和其他贸易协定的主要选民。现在美国农民向全球出口的农作物超过其收获量的20%。

从全球来看，很难说《北美自由贸易协定》有没有实现那些未明说的目标。美国扛住了来自欧盟的威胁，继续保持着世界第一大经济体的地位。在《北美自由贸易协定》通过后的几年里，三个成员都成为蓬勃发展的出口大国。加拿大和墨西哥最终与美国一起，跻身全球十大出口国，以出口为主的经济部门也将帮助本国从2008年全球金融危机中逐渐恢复。在全球范围内，该地区稳定的经济实力帮助美国巩固了经济超级大国的地位，使之能够将影响力扩散至全球更多区域。在1994年至2012年之间，美国与五个中美洲国家以及多米尼加共和国分别签署了单独的贸易协定，签署国还包括韩国、澳大利亚、智利、摩洛哥、哥伦比亚、秘鲁、巴拿马、约旦、阿曼、巴林和新加坡等。这些协定为美国企业和农民带来了数百万的新客户。在《北美自由贸易协定》签订之时，美国是走在全球前列的，当时全球生效的自由贸易协定不足12个。但现在美国已经落后了，虽然已经与20个国家和地区达成了协定，但目前全球生效的协定数量高达400个。先不提美国在自由贸易协定方面松散的态度，我们必须承认的是：如果没有《北美自由贸易协定》，如果当年美国没有积极参与自由贸易浪潮,那么美国今天绝对不会与中国和欧洲并驾齐驱,成为近几年全球舞台上的重要参与者。

毋庸赘言,在《北美自由贸易协定》之后,移民和毒品贩运一直是美国的政治问题。尽管在面对各种问题(不管是真实存在还是幻想出来的)时,美国政客习惯于指责墨西哥移民,但事实上在协定达成之后,墨西哥的合法移民和非法移民数量都大大减少了。此外,在过去10年里,跨境进入美国的墨西哥人的人数实际上少于从美国跨境进入墨西哥的人数。虽然我们不能说墨西哥移民数量的急剧下降完全是由于《北美自由贸易协定》,但它确实在墨西哥培养了强大的中产阶级、蓬勃发展的企业和稳定的社会方面发挥了主要作用,并且该贸易协定毫无疑问对于促进墨西哥经济的增长至关重要,特别是在20世纪90年代初期,墨西哥比索危机缓和,《北美自由贸易协定》的利益开始发挥作用之后。

最后来谈谈就业。一般来说,经济学家都会认同贸易的诸多益处:商品价格更低、创新更多、国际关系更好等。但很难找到一位经济学家说自由贸易协定是创造更多就业机会的推手,他们会说贸易创造了就业机会,但不一定是自由贸易协定。尽管如此,我们都知道就业岗位仍然是定义北美自由贸易区后续影响的关键因素。罗斯·佩罗是将《北美自由贸易协定》的焦点重新集中于下岗汽车工人和废弃工厂的主要人士,他预测该贸易协定将使美国丢失590万个工作岗位,换句话说,每20个美国工作岗位中就会消失一个。2016年,参议员伯尼·桑德斯在密歇根州弗林特举行的民主党初选辩论中,与国务卿希拉里·克林顿辩论,指责《北美自由贸易协定》造成了全美80万个就业岗位的流失。2018年,曾经多年指控《北美自由贸易协定》为"全球历史上最差劲的协定"的特朗普总统在接受肖恩·汉尼提(Sean Hannity)的采访时,将该协定造成的工作岗位损失描述为"百万个"。如果说以上言论都是来自两党非核心成员的话，那么当时的总统候选人巴拉克·奥巴马也曾在2008年的竞选活动中对俄亥俄州洛雷恩的市民说，"《北美自由贸易协定》导致100万人失去工作……我从不认为《北美自由贸易协定》对美国有什么好处"。当然，后来他在这一立场上态度没这么强硬了。奥巴马当时的对手希拉里·克林顿也在2008年的初选中花费了很多时间，撇清自己与丈夫执政期间生效的这一贸易协定的关系。由于不用争取劳工投票，共和党领导者所面对的反对《北美自由贸易协定》的压力历来较小，但这种情况也在迅速改变：共和党选民反对该协定的比例开始远高于其民主党对手。

也许最重要的是，目前对《北美自由贸易协定》长达25年的强烈的反对声音，已经以全新且荒谬的方式将贸易政治化。《北美自由贸易协定》和其他协定一样，在美国经济中创造了赢家和输家，也取得了相应的影响力。但是，它也很不幸地撞了霉运，当了替罪羊，成了这25年中出现的自动化、创新和全球劳动力涌现带来的影响的挡箭牌。

《北美自由贸易协定》已经毫不意外地变成政客们在每个选举周期中都拿来撒气的出气筒。在20世纪最后25年中，就职候选人都面临着类似于克林顿在2008年2月所遇到的场景：在俄亥俄州阿巴拉契亚的一个小城亨格罗克进行竞选活动时，一名53岁、从事三项工作维持生计的男子告诉她："《北美自由贸易协定》正在付出巨大的代价……这个县被它毁了。经济衰退，制造业荒废。"整个中西部地区的选举人票所占的比重要远高于钢铁的产出，如果在这里政客们未能充分谴责《北美自由贸易协定》，基本上就可以自动加入失业者的行列。贸易协定让工厂被迫关门，挖空了从阿尔图纳到奥什科什的工人阶级城镇，这种想法不管到哪儿都不仅仅是一种理论，而是福音一样的真理。

我们来从头说起：社区所经受的痛苦都是真实的。自1994年以来，很多制造业的岗位被削减，在随后的20年中，至少有8万座工厂消失，并且主要集中在中西部。这些都是人类的悲剧，每一个消失的岗位背后都是个人的悲剧——梦想的破灭、家庭的动荡、愈加脆弱的社区、尊严扫地。那些因为失业而生活受挫的人有理由心生不满、寻求答案，甚至埋怨指责。如果在这个开放问题上，民众却埋怨错了对象，找不到罪魁祸首，根源就在政客、媒体人物和利益集团身上，这些人本可以坦白真相，但发现保持沉默原来要容易得多。身居要职的人们大概会这样想：随着经济的增长，这些失去的工作自然还会回来。其实从某种意义上说也确实是这样，就业岗位确实回来了，但并没有回到同一地点，也不是同样的岗位。其中有些人倾向于不去面对失业工人所带来的损失和政治混乱，有些人仍指望着"发生奇迹"，这是不是有些讽刺了？还有一些人大声喊着"从哪儿跌倒就从哪儿爬起来"。实话说，这些态度并不能帮上忙。

《北美自由贸易协定》到底创造了多少岗位，又夺走了多少，这些数字永远无从得知，所以NAFTA很可能长期以来都充当替罪羊。放心，如果有人在这个问题上提出了相反的结论，他们肯定是想卖给你点什么，但考虑到正在读这本书的各位很大概率已经购买了我的书，我也没什么好卖给你的了。众所周知，经济学没那么简单易懂，而从历史上看，控制经济的力量不论在何时何地，都从未像现在的美国这样复杂。考虑到其中牵连了数百个相互联系的因素，人们可能永远无法确切地说出岗位来去的原因——技术、税收优惠、货币波动会影响，利率甚至气候模式都会影响行业的发展。我们能做的就是检查已有的证据，查看趋势，分析因果关系，更好地理解过去几十年来美国国内工作岗位的变化情况。

我们先从无争议的因素开始：在《北美自由贸易协定》签订之后的几年中，总体工作数量、工资水平和制造业产出都大大增加了。从1994年开始的10年中，美国制造业的工资增长了14.4%（前情提要：在协定达成的之前10年里，工资的增长幅度还不到这一增长率的一半，只有6.5%）。在《北美自由贸易协定》签订之初至千禧年末，即使从墨西哥进口的大量廉价到可怕的商品涌入了市场，美国的总体就业仍增长了2000万以上，2000年，美国制造业产出增长44%。如果已故的罗斯·佩罗读到这篇文章，他可能会气得撞墙，大喊着20世纪90年代经济的蓬勃发展完全是计算机时代的崛起，与《北美自由贸易协定》无关。就这点而言，我觉得他基本是对的。实际上互联网公司和互联网金融服务的崛起，很大程度上促进了美国的经济增长。但与此同时，《北美自由贸易协定》在计算赢家和输家的公式中一直沿袭着一种固定理念：对美国整体经济最有利的就是高薪、高科技行业的增长，取代低薪、低技术含量的行业。电力行业的兴起有力地推动了经济的发展，但也损害了蜡烛制造商的利益。不管怎么说，繁荣的20世纪90年代证明了当美国贸易政策偏重于新兴领域而非传统领域时，全国经济形势将会发生怎样的变化。

如果没有《北美自由贸易协定》，作为美国主要就业岗位来源的制造业很可能会继续保持下降或以某种方式扭转趋势，那么争论《北美自由贸易协定》是否引发了（或者坦诚来说，甚至加速了）一个原本不存在的问题就没有什么意义了。

随着科学和自动化技术的进步，制造业所需要的工人数量越来越少。想象一下，如今制造业只需全美不到10%的劳动力，就能够生产出比1950年更多的产品，当时约有30%的工人依赖着制造业工作谋生。这其实是件好事！表明美国制造业工人的生产效率达到历史新高。《北美自由贸易协定》并没有改变这一趋势，美国制造业岗位数量所占比例的确在一直下滑。它的作用是权衡取舍：随着制造业工作岗位流失的加剧，新兴行业中的新工作取代了它们的位置。

如果事实果真如此，那对于车床操作员来说算是可有可无的慰藉。十多年前他的工作岗位就已经转移到了海外，甚至还没来得及被技术发展或市场变化而淘汰。对这样的工人来说，损失的是这10年来本能拿到手的薪水，这些钱也许可以供一个孩子上大学或照顾年迈的父母，而且在这一时期产生的新工作机会可能并不会出现在他所居住的城镇。但从整体劳动力而言，将夕阳产业的岗位换成新兴产业中的高薪岗位显然是明智之举，车床操作员很可能不会为了第二职业而接受再培训，成为太阳能电池板技术员或3D打印机程序员等，但在贸易政策的帮助下，有些美国人却能实现这样的转变。于是，通过确定哪些行业在国外进口的影响下不堪一击，哪些行业能从这一机遇中赚得盆满钵满，贸易又一次成功地确定了赢家和输家。事实上，只要经济不断增长，就总会有赢家和输家，有些产品和行业会不断地得宠失宠，就像人们面对某一种菜系的口味也总是在不断变化。所有的贸易能做到的就是调整供应来加速或减慢这一过程，比如允许外国竞争者进入美国市场、满足消费者需求，或者向国外消费者供应美国产品等。

很难说为什么经济中一定会出现赢家和输家，一旦涉及贸易，这个问题就更难解答了，我们需要考虑的因素是整个世界！所以才说永远都无法准确得知输家因为《北美自由贸易协定》损失了多少，而赢家又因此赚取了多少，或者说接下来发生的事有多少是由比贸易影响力更大的不可抗力所决定的。但这些是一些最客观的观察者也不得不承认的事实。人们普遍认为，《北美自由贸易协定》直接导致大量工厂关闭、"美国制造"业越来越少，但经济学家不这么看。在《北美自由贸易协定》生效之前和之后，工厂的关闭速度基本持平。美国工业生产在协定签订之后的十几年中增长了近50%，是签订之前的十几年的增长率的两倍左右。2015年，以中立性和公信力而备受赞誉的立法部门——无党派国会研究服务部——发布了一份有关《北美自由贸易协定》评估及之前研究成果的综合报告，其最终结论不是一记重击，而是一声感慨："《北美自由贸易协定》既没有造成批评家所担忧的大范围失业，也没有像支持者们所说的那样带来巨大的经济收益。它对美国经济所带来的影响相对温和。"

那么，人们的抗议骚动是怎么回事？

可以肯定的是，《北美自由贸易协定》对大多数美国人日常生活的影响不算很大，远不如加班费的相关规定、住房抵押贷款减免政策，或者坦白说，不如中美之间的常规贸易影响深远。不管如何仔细分析，《北美自由贸易协定》对民众日常生活的最大影响不过就是降低了超市蔬果的单价或者车行的价格。我们来看看人们从票面价值角度出发提出的最极端的反贸易协定的指控，比如特朗普等人提出的贸易协定造成了100万人失业这种毫无根据的指控。自该协定生效以来，每年有4万个工作岗位消失。在这同样的25年时间里，美国平均每年增加150万个工作岗位，因此即使不考虑其所创造的工作，这些新增的岗位也填补了之前4万个工作岗位的流失。那些失去制造业工作的人只不过是在另一个行业找到了新的工作，但日常商品价格下降却能让所有工人都受益。

如果说《北美自由贸易协定》在美国国内起到的作用只是岗位置换，那为什么它这么多年来一直是美国人攻击最密集的焦点之一呢？部分原因是美国几十年来工资增长缓慢，人们自然而然地要为愤怒找一个出口。自从贸易协定签订以来，美国新增的就业岗位数量要远高于消失的数量，但对于受冲击最严重地区的工人来说，新工作不一定能维持相同水平的工资，或给人同样的尊严、认同感和目标感。《北美自由贸易协定》广受责备的另外一个原因是经济学的模棱两可性和人们对贸易性质的了解不足。大多数人对贸易协定是什么知之甚少，很少有人愿意花时间了解这些复杂无趣的知识。而当美国的领导人未能向民众解释这项政策的优势时，情况就更糟了。在最近一次前往墨西哥时，我一遍又一遍地听到当地政府官员和企业主们感叹，美国政客从未努力向本国人民宣传《北美自由贸易协定》的好处——"美国人就像在把车调整至自动驾驶，任其发展！"他们如是说。美国现在也正承受着相应的后果。当民众对政策不够了解时，政客们反而更容易按照自己的意向，向他们灌输一些奇谈怪论，方便按照自己的需求操纵民意。例如，当《平价医疗法案》最开始被人们批判为给老年人准备的死刑方案时，美国上下骂成一片，但后来随着人们亲身实践了法案规定后，舆论迅速转向。

但贸易协定从来没有机会向公众展示真正的自己，也无法以预防性健康服务或覆盖已有疾病这样的形式让民众熟知。研究表明，在《北美自由贸易协定》之后，服装价格约下降了7.5%，说实话，没有消费者会花时间感谢自由贸易协定让他们能以同样的钱再多买一件毛衣，反而会想："看我多聪明，我可真是个精明的购物者！"同样，贸易协定帮民众省下的天然气费用也不会有人注意到，大家甚至都不会关注天然气价格是什么时候变化的。再加上证明就业岗位增长或消失的因果关系有多么难，你就知道了政客们互相"踢足球"的秘诀。这些人时不时地宣称二加二等于五，虽然也有人会因如此无耻而略感羞愧，但还是会把就业趋势以及与就业相关的问题推诿给《北美自由贸易协定》。谁知道呢，万一政客们说的是对的呢？毕竟自它实施以来，接线员、旅行社和里克·莫拉尼斯们的工作一直在急剧减少。该死的《北美自由贸易协定》，都是你害的！

凭借模糊不清的经济因果关系和公众普遍对贸易缺乏兴趣，政客们轻而易举地改写与《北美自由贸易协定》相关的故事，但该协定之所以能够在美国保持长盛不衰，关键还是在于它真正取代了谁的工作、在哪里的工作、什么样的工作。如果说《北美自由贸易协定》在过去的 25 年中让 10 万名加利福尼亚的饭店工人、密西西比州的托儿专业人士或马萨诸塞州的律师失业，那我们的领导人可能今天就没机会与我们对话了。贸易中的"输家"恰好主要是选举关键州的制造业工厂的工人们，《北美自由贸易协定》对他们而言极为重要，不管我们是否愿意相信这一事实。不信？您听过多少政客（包括但不限于特朗普）讲述过煤矿工人的困境？又有多少篇讲述边境浪漫故事的文章探讨过美国钢铁工人的命运？

根据目前的估计，美国煤炭行业的工人总数为 50800 人，全美钢铁工人总数为 14 万人，听到这些数字你是否深感意外？但整个零售业就为美国提供了近 1600 万个就业岗位，政治关注度却为 0%。截至 2017 年，由于实体商店的关门和在线购物的不断发展，约有 12.9 万名妇女——仅是女性——在一年内被迫下岗。在这里我要为各位读者揭露一个丑陋的事实：备受关注的失业问题，其实主要集中在白人和男性身上。多年来，白人男性在制造业工作上几乎处于垄断地位。随着有色人种和妇女的受教育程度逐渐提高并开始加入制造业，这种垄断就被打破了。而这一变化恰好与行业工资不再上涨同时发生。并且随着白人男性逐渐被地位和权力侵蚀，很多人开始将这两种趋势混为一谈，但其实只有工资不再上涨才是最大的威胁。这种情况今天仍然存在，很多苦苦挣扎的工人阶级白人男性将对贸易和自动化的怨恨与针对寻求平等机会的妇女、少数族裔和移民的文化怨恨掺杂在一起。但实际上，众多女性和有色人种已经不得不更加努力适应当下不断变化的经济形势——他们知道自己的困境并不会得到太多的关注。白人男性特权中有一个要素（我必须承认：我也是这些白人男性之一）说："我不需要适应谁，世界应该适应我！"我们必须认识到，在关闭一家工厂和关闭十几家零售店之间，人们的关注程度有着巨大差距，这很不公平，而且不久之后，这将是唯一的差距。

综合以上因素，大家就能够解释为什么《北美自由贸易协定》已经在美国的国家意识中停留了这么长时间，为什么它成为选民和政客的最终罗夏墨迹测验[1]。实际上，自签订以来，它的象征意义已远超过它的实际意义。1995 年，美国最古老的锯木厂因环保原因导致其失去了三分之二的木材供应后关闭，政客们却将之引用为《北美自由贸易协定》残酷行径的实例。（该厂的前经理杰里·克拉克说："我们是因为没有木材关闭……但如果有人能找到这和《北美自由贸易协定》有什么相关联系的话，我很乐意了解一下。"）美国政府甚至证实了 874 名工人因为工厂迁至墨西哥而失业的申请，但事实上这件事发生在 1992 年，距离该协定生效还有两年。就像大脚怪或喜马拉雅山雪人一样，《北美自由贸易协定》似乎一直潜伏在旷野中，在夜深人静中出击抢夺那些人们毫无戒心的就业岗位。

在过去的 25 年中，《北美自由贸易协定》一直是各个选举中的

---

[1]. 由瑞士精神病医生赫尔曼·罗夏创制的一种人格测量工具。——编者注

议题，绝大多数政客为了赢得选票，都站到了贸易协定的对立面。四分之一个世纪过去了，同一批政客在上任之后除了反过来捍卫协定，什么也没做。甚至唐纳德·特朗普，这个最有可能成为有史以来最主要的反《北美自由贸易协定》政治家也遵循了这种模式（抱歉！罗斯·佩罗）。经过多年以来各方表示要撕毁或对"《北美自由贸易协定》重新谈判"，白宫终于于 2018 年 10 月宣布，美国已与墨西哥和加拿大政府就《北美自由贸易协定》的继承条约达成协定：《美国－墨西哥－加拿大协定》（简称：《美墨加协定》，USMCA）。虽然特朗普承诺这是"全新的协定"，但《美墨加协定》并没有改变《北美自由贸易协定》的基本逻辑，只不过更新了部分条款。它加强了原产地规则，确保廉价的亚洲汽车零部件排除在北美供应链之外，并且更新了劳工、数字和知识产权保护。本质上，它与加拿大和墨西哥达成了特朗普让美国撤出的《跨太平洋伙伴关系协定》中美国希望与太平洋盟国所希望达成的条款（甚至几乎一字不差地删除了协定中饱受诟病的措辞）。《美墨加协定》不会替美国机械师或工厂负责人拿出新姿态，它只不过是《北美自由贸易协定》的替代品，就像 iPhone 8 替代 iPhone 7 的意义一样，这个更新还不错，但并非大胆的改革。

究竟《美墨加协定》和它最伟大的创新——改了协定的名字——能否彻底地将《北美自由贸易协定》排除在美国的政治体系之外，还有待观察。这并不是说改名没意义！2019 年 3 月，我与最新任命的墨西哥驻美国大使玛莎·巴尔塞纳（Martha Bárcena）进行了交谈。她敏锐地指出，在协定中用每个国家的名字代替"北美"不只是表面功夫，这是一种理念上的转变：从旨在促进整个北美大陆的繁荣实现共同目标转变成美国领先于其他两个缔约方的协定。不论新的《北美自由贸易协定》如何变化，政客们是绝对不会突然奇迹般地坦然面对贸易的权衡取舍的。在《北美自由贸易协定》签署之时，当时有许多良好的战略原因证明，从长远来看，这将有益于美国和美国人民。但在明知协定所带来的利益也将会损害众多社区内的制造业工人时，美国选择了隐瞒——掩饰了造成损失的可能性，但过后又转过身互相指责。我们本可以，也本应该做得更好。

第三章
国际贸易的谣言与真相

随着时间流逝，生活中难免累积了一些神秘的故事和假说，之后又被人们当成是传统智慧而流传下来，但其实很多并没有事实依据。贸易也不例外。太多与贸易相关的陈旧说法都成了政客们谋求利益的工具，并且故意让民众蒙在鼓里。在进一步探讨之前，我们需要花点时间彻底弄明白谣言的真相，避免受其干扰而无法准确理解贸易的运作方式。接下来向大家介绍以下最容易出现误解、最适得其反，常常干扰我们对贸易的判断的谣言。

1号谣言　中国永远是贸易中的敌人

事实证明，中国2001年加入WTO可能是现代经济史上最重要的一个事件。对于中国而言，加入WTO能与其他经济大国处于平等的竞争环境，享受和他国同样的进出口贸易条款。事实证明这一目标至少部分是正确的：中国现已成为美国重要的贸易伙伴，美国人的主要旅游目的地之一。

中国加入WTO的初期阶段，一切照计划进行，很多人都松了一口气。但没过多久，意料之外的情况发生了。21世纪初期，美国深陷伊拉克战争，而中国在此期间的出口数据却一路攀升。10年内，中国就超越了美、德，成为世界第一大出口国。没过多久，美国希望中国效仿西方的幻想基本破灭——中国建立了独有的经济模式。并且出乎美国意料的是，中国因此而繁荣起来，引入了诸如私有财产和企业家精神等概念。到2008年金融危机爆发时，我们很难再认为一个蓬勃发展的中国或其他任何国家，应该学习美国的经济模式了。

世界本想着努力影响中国，但没想到中国竟然在不可思议地影响着世界。凭借全球最多的劳动力人口、庞大的国有企业以及对主导高价值制造业的渴望，中国迅速成为美国出口业务的强大伙伴，尤其是在需要修建道路、机场、发电厂、港口、移动电话系统等的发展中国家中表现更为明显。中国最大的比较优势（记住，比较优势是一个国家在经济生产力的某些方面具有优势，构成了所有贸易的基础）是价格。价格优势，再加上大量的劳动力，意味着中国加入WTO后所产生的影响比其他国家要大得多。中国的经济规模和独特的经济结构，决定了它比其他国家具备更强的市场适应能力。

我举个例子。我在2009年至2017年就职于美国进出口银行，这是一家负责向美国出口商提供融资服务的机构。如果位于匹兹堡的小型清洁水处理企业阿奎特（Aquatech）希望将废水技术出售给亚洲和拉丁美洲的客户，他们就需要获得有竞争力的融资。但实际上，很多企业因为销售规模过大、过小或风险过高等原因，无法从商业银行处获得贷款。这种情况发生时，企业就可以向美国进出口银行寻求政府保险或贷款担保来应对竞争。美国进出口银行自1934年就一直在提供这项服务，但在过去的近百年里，美国向本国出口商提供的融资总额，仍然少于中国四个出口信贷机构仅在

2013年至2014年向中国出口商提供的融资额。如果一家中国公司与一家美国公司都向印度出售火车头，那么中国公司首先就具备了充裕的资金，从而在竞争中占据主要优势。

中国所采取的出口战略以及其他帮助本国取得优势的策略，进一步加深了中国的经济形象，特朗普就曾指责过中国汇率操纵（Currency Manipulation）。什么是汇率操纵？简而言之就是政府通过购买大量其他国家的货币以降低本国货币价值。为什么要这么做？这样能够让本国商品在出口市场上的价格降低，进口商品在本国成本更高。美国的50个州和大部分城市都在吸引企业在本地区开展业务，再加上长期的仇外心理和所面对的来自中国的巨大经济体量，也不难理解为什么美国政客会将中国描绘成负面形象。

中国的部分做法是否"越界"？从美国的角度来看，是的。在前几任总统时期，美国倾向于在中国做生意的方式方法问题上保持接受态度，毕竟在其他关键问题上美国还需要中国的合作，例如处理伊朗和气候变化等。但对于特朗普来说，能否就以上问题与中国达成共识对他意义不大，所以他毫不掩饰对中国部分贸易政策进行刁难。尽管特朗普曾多次绘声绘色地哀叹中国在贸易上"伤害了美国"，但事实是美国就在他签署的行政命令下退出《跨太平洋伙伴关系协定》，这是美国逐渐退出全球贸易领先地位的最有力证明，美国已经放弃了制定贸易规则的权利。现在，特朗普政府可以发起反击，宣称总统的做法就是在为制定贸易规则而努力，如果中国拒不执行，美国有权对中国提要求，对其征收关税，特朗普这样做是在"纠正"中国的行为。全世界都知道，美国希望中国能像其他国家一样，恪守他们制定的规则。在特朗普执政期间，美国更希望抛开可能招来麻烦的盟友国们，独立以关税为主要手段影响中国。这让我想起我个人最喜欢的温斯顿·丘吉尔（Winston Churchill）的一句话，之前我去伦敦的时候还看到这句话被雕刻在了帝国战争博物馆里："只有一件事比与同盟国斗争更糟糕，那就是没有同盟国的斗争。"

中国采用了另一套不同的贸易规则，这也不意外。中国为什么要遵守那些自己没有参与制定，而且美国也没有坚持遵循的规则呢？

2号谣言　双边贸易赤字很重要

说到第二个谣言，要找到散播谣言的罪魁祸首并不难。截至2018年年底，特朗普已经发了37则关于贸易赤字的推文，远远超过他发的关于工资、医疗保险或他的儿子埃里克的推文。当特朗普在推特上提及贸易赤字时，他总是会用到"大量的"（massive）这一修饰词。在提及与中国、加拿大和其他国家的贸易赤字时，特朗普使用的表述是"杀死了我们的制造业""使美国人损失了数百万个工作岗位""严重损害了经济""是国家最主要的安全威胁之一"，并有证据表明各国正在"蒙蔽我们的双眼"和"窃取我们的工作"。在2016年造成了49人丧生的"6·12美国奥兰多枪击事件"后的第五天，特朗普的推文中用了一句特别不祥的话作为结尾："多年来最大的贸易赤字！奥兰多将面临更多袭击。"在特朗普当选前后的演讲、陈词和推特中，他经常将贸易赤字作为各种困难和挑战的罪魁祸首，只不过部分赤字是真实存在的，部分则是他想象出来的，最后他总要加上一句，他（特朗普）"很快就要解决就业的问题！"

但其中一条追溯到2012年的推文最能说明问题："'目前，我们与中国的贸易赤字高达 3000 亿美元。这意味着每年中国要从美国身上赚走近 3000 亿美元。'是时候采取强硬措施了。"从这一说法中不难看出特朗普对贸易赤字基本概念的误解,但数以百万计的美国人将会自然而然地接受这一观点,并自动将"赤字"和坏消息挂钩。2018 年春季,特朗普在为自己的钢铝关税辩护时,更是印证了这一误解,他说美国的各种贸易赤字"在过去几年中,我们每年损失 8000 亿美元……我们必须(原话如此)赚回来"。

如果一个对贸易一无所知的人,听到"贸易赤字"就默认为亏钱也无可厚非。我也曾经以为双边贸易赤字很重要,必须承认"赤字"这个词难免听上去不太乐观。毕竟,现在更流行用"预算赤字"来描述财政亏损。但是贸易赤字完全是另外一回事,它只是描述了一个国家进口的商品和服务的价值与它出口的商品之间的价值差。向某一国家或地区进口的商品多于对我们向他们出口的,并不是衡量优劣势、偿付能力、不负责任的财政或其他任何因素的指标,也不会使我们的资金"亏损"。正如保守派贸易专家斯科特·林西科姆在《纽约时报》上所说,与另一个国家的贸易赤字"并不会反映经济状况,就像我对杂货店的双边贸易赤字并不能判断我是否负债"。前财政部长兼国家经济委员会主任拉里·萨默斯更直率地说:"用贸易赤字来判断经济政策,真可怕。"

2017 年,美国与中国仅商品贸易赤字就超过 3750 亿美元(或者,正如特朗普反复强调的,这个数字为 5000 亿美元)。我们将在下一章中详细讨论,目前我们只讨论基础知识。3750 亿美元并没有白白流失,而是被美国家庭和企业花在了购买电子产品、家具、服装和制造业设备上,以及我们所熟知的"中间产品",也就是购买生产美国产品的零部件和非消费品。这笔钱也用于购买美国不生产的东西上。以青霉素供应为例,美国 100% 的青霉素都来自中国。

美国的大部分贸易赤字是由于美国经济重心已转向高科技产品，特别是服务业，所以会向中国购买一些本国不再生产的产品。实际上，2017年美国仅在服务业上就与中国实现了400亿美元的贸易盈余。在过去的15年中，随着经济的发展，美国与加拿大的服务贸易盈余增长了三倍多，与欧洲的服务贸易盈余增长了7倍，与韩国的贸易增长接近13倍，与中国的贸易盈余从16亿美元增加到超过400亿美元，增幅高达2475%。随便怎么抱怨中国，但它可是美国全球第三大客户，是农业和服务行业的销售对象。

在现在的世界里，软件、电影、电视、音乐、银行、保险、运输和教育等服务类商品对经济增长的战略意义远大于工厂生产出来的产品储量，实物商品中的贸易赤字根本不是问题，毕竟服务业现在占到了美国就业岗位中的70%以上，并且还有继续上升的趋势。即使和进口比起来，美国确实更看重出口，贸易赤字也不是我们应该纠结的问题。这一指标只是在衡量在两个国家之间传递的商品的价值，会受到多重因素影响，比如美元的相对实力、投资水平的变化和经济增长等，所以常会出现波动。

现在我们知道了双边贸易赤字并不重要，那么衡量与所有国家贸易情况的总贸易赤字呢？如果总贸易赤字失控，可能会带来一定的经济后果。这个指标有点像葡萄酒：晚餐时饮用两三杯可以，但饮用两三瓶就成了问题！如果我们的总体贸易赤字超过了国民生产总值的几个百分点，那问题就严重了，还好目前我们仍然保持在"两三杯"的水平上。

如果下次你听到政客抱怨说美国任由贸易赤字增长是不负责任的做法的话，你要知道，贸易赤字不等于我们要偿还的债务，不是显示谁在贸易上"获胜"的得分板，也没有拉垮美国经济或任何类似的表述。毕竟所有人都可能和自己的理发师或发型师之间有很大的贸易赤字！贸易赤字有时很可爱，有时令人遗憾，但总的来说并不重要，它不过是衡量在这个联系日益紧密的世界中，流入和流出美国的商品差异的另一种方式。

3号谣言　关税都是由外国人买单的

在特朗普编造的所有谣言中，有这么一条最为令人困惑、错误最明显，但又最为频繁地被人重复着。关税，从定义出发，是一国对购买外国商品的本国消费者和进口商征收的销售税——当美国征收关税时，美国公民就将关税全额支付给美国政府。这一点毫无争议，这是事实。唉，尽管如此，也没能阻止特朗普不断向民众传递错误信息。根据我个人的统计，他曾在仅仅一周之内，就在推特上表达了同一个错误信息9次，还不算在这之前和之后的其他例子。

> **特朗普推特1：**
> 与中国的谈判很顺利，正在继续进行中，完全不用急。因为我们现在对价值2500亿美元的中国商品征收25%的关税，中国会为这笔关税买单，这些巨额款项将直接进入美国财政部。

> **特朗普推特2：**
> 这笔支付给美国的巨额关税会让中国和其他国家与我们做生意，农民们被"遗忘"了很多年。他们的时代来了！

> **特朗普推特 3:**
>
> 我们与中国正处于理想的双边关系中。记住,是他们破坏了与我们的协定,现在正试图重新谈判。我们将收到中国支付的几百亿美元的关税。商品购买者可以购买美国货(理想结果),也可以从非关税国家购买。

> **特朗普推特 4:**
>
> 额外的 25% 关税已经施加在剩余的 3250 亿美元的货物上。美国只向中国出口了约 100 亿元的商品,非常不平衡。有了上千亿的关税后,我们将购买……

我们需要打破这一谣言——即使是特朗普的顽固支持者也承认这一说法非常荒谬。他的首席经济顾问拉里·库德洛(Larry Kudlow)在 2019 年 5 月 12 日接受《福克斯周日新闻》克里斯·华莱士(Chris Wallace)的采访时被迫承认,他的老板的确犯了错——这可真是对以上推特言论的有力反击。华莱士提醒他:"缴纳关税的不是中国,而是美国进口商。美国公司缴纳的实际上是加税的税,而且常常将其转嫁给美国消费者。"库德洛的答案呢?"有道理",之后又隐晦地避开"双方都会为这些事付出代价"。

关税对美国家庭的影响是 2019 年新闻中的常客——这件事本身就非常奇怪。如果你在几年前告诉美国人说不久后我们就要面对关税的后果,对方可能会惊讶地看着你,就好像你刚刚说的是我们要应对脊髓灰质炎的危机和千禧危机一样。但看看民众现在的处境吧,媒体对特朗普关税的大部分报道都集中在中西部的大豆农民身上，他们的生活已经受到这种自残式贸易战的严重影响。是时候换个角度来了解这一谣言所带来的真正的损害了，以及为什么关税如此难以消除。

绝大多数美国人要么是父母、要么是儿童，这也正是为什么美国最常见的日常用品之一会是童鞋。不同的地区、种族、社会经济阶层中的人都会购买童鞋。即使你完全不了解小孩，你也会知道孩子的脚随着成长会逐渐变大，所以必须重复购买，而且鞋子也不是一件适合送给别人的耐穿品。虽然制鞋业是美国历史上重要的行业，但如今，美国人购买的鞋类中约有98%是从海外进口的。即使美国人想"买美国货"，选择也会非常有限，美国国内鞋子产量太低，所以带有贸易保护主义色彩的关税无法改变美国人的购买行为。考虑到这一点，你可能希望美国对童鞋征收零关税或者极低的关税，比如像对进口汽车或玩具征收的关税水平——1%~2%。

但事实上，美国消费者为童鞋支付的是67%的最高天价关税，各位读者是不是吓了一跳！美国消费者为进口鞋类支付的平均税（基本上是我们所有鞋类的税）是11%，也是惊人之高，大约是所有进口商品平均关税的10倍。儿童鞋的关税实质上是对父母征收的税，而且遵循递减原则——鞋子越贵，关税就会越低，也就是说，低收入家庭受到的打击最大。你大概会认为对父母课税也是最容易被取消的税种吧？错。童鞋的关税为美国政府带来了120亿美元的可观收入，如果取消了，这笔钱就必须用另外的税种或削减开支来弥补——政客们可不愿意这么做。

而这一切最大的讽刺意味最终追溯到了特朗普身上。他当选之前，《跨太平洋伙伴关系协定》有望清除美国和美国的第二大鞋类进口商——越南之间的几乎所有关税。而当特朗普带领美国退出该协定之后，美国的购鞋家庭本可以节省大量开支的计划也随之泡汤。

取而代之的是美国人（不是其他任何国家的人）继续承担鞋类，以及其他各类政府施加在美国消费者身上的关税费用。

4号谣言　贸易协定都是与就业有关

弄清楚了这一点，你就能领先很多人了。我们知道贸易，特别是出口，会对就业带来很大的影响，但我们也从第二章关于《北美自由贸易协定》的经验中获知，贸易协定对就业岗位的影响往往不大，但却常常打着创造工作机会的幌子，实际上收效甚微。贸易协定常常是为了在促进经济发展时推动外交关系、地缘政治发展或帮助实现国内政策目标。但是，如果一项贸易协定的最重要的作用是让两个或两个以上的国家之间的关系更近，那么我们是否可以省去这些厚重的文件，只留下签字那张呢？换句话说，如果贸易协定不仅仅是与工作岗位有关，那么它们是做什么的？

TPP 就是一个很好的现代贸易协定的例子。这一协定由奥巴马提出，被特朗普废弃，该协定旨在巩固美国在太平洋地区的主要地位。作为一个 5000 页的协定，可以说 TPP 覆盖了相当多的领域（不足为奇，毕竟它旨在整合代表全球五分之二的 GDP 的经济体）。首先，它囊括了贸易协定中的经典条款——降低壁垒，鼓励十二国之间的贸易往来。通常，降低壁垒意味着降低关税，但其实在第二次世界大战后的贸易自由化之后，全球大部分地区的关税已经很低了（1947 年《关税与贸易总协定》）。鉴于此，TPP 主要集中于解决各国多年来以非高关税的方式阻碍出口而设置的漏洞。

以下是它们的操作方法。当政府希望保护国内产业而又不便明说时，通常会创造性地利用其他方法，例如提各种要求、制定非寻常的规则以及环境和劳工标准等，来有效清除外国竞争。如果澳大利亚想保护自己的农民，而将玻利维亚的农作物拒之门外的话，就可以颁布国家规定，禁止在南美土壤中含有但澳大利亚却没有的某些矿物质，这一做法与对玻利维亚的进口产品征收关税或配额一样有效。但不同的是，矿产禁令可以被视为健康问题，挑衅意味不会太明显。通过将国际贸易限制伪装成国内安全或国家安全问题，各国通常可以避开国际监督员的审查。美国在这方面也没少干！美国有"购买国货"法规，限制了本国某些基础设施项目（例如美国铁路公司路线和旧金山－奥克兰湾大桥）上可使用的外国材料的数量。其他国家也不例外，比如日本为了扩大国内市场，也出台健康限制法规限制冷冻牛肉进口。随着关税的普及率降低，类似做法在世界范围内迅速兴起，TPP的目标之一就是发现这些行径并加以遏制。

像TPP这样的现代贸易协定的另一个关注点往往是为服务类贸易铺平道路（注意：目前为止仍然与创造就业岗位无关）。随着各国经济（尤其是美国经济）的发展已不再局限于实物商品，而是以服务为中心，从金融、法律到营销和娱乐等各个领域，许多企业意识到自己绝大部分潜在客户都已超出了国界。由于贸易规则制定时期只不过是经济雷达屏幕上的小光点，因此TPP等新贸易协定的主要目标是向顾问、云服务提供商、IT支持和工程师敞开贸易大门，实现与之前钢厂和伐木场一样的地位。

为了保证与时俱进而修订的条款就占据了新协定的大幅篇章，而且不仅是局限于防止服务出口遭歧视的内容。为了更好地应对不断变化的贸易，TPP通过创建一套新的准则试图实现对数字商品和知识产权的管理，用户数据的收集和分析现在已成为大型公司最珍贵的货币，因此我们需要建立适当的系统，确保数据在不同国家间流动时能得到负责任的保护，TPP的许多努力都服务于这个目标

（再次提醒：不是服务于创造就业岗位！）。这是第一个为进出口信息制定基本规则的主要协定，它还是为应对电子商务中不断增加的风险而设立消费者隐私保护措施的协定。要知道，在起草《北美自由贸易协定》时，谁也不会预测到脸书（现更名为"元宇宙"）、谷歌和亚马逊这些公司的兴起。TPP加强了有关专利执法、保护商业秘密和版权期限的规则。但存在争议的是，TPP也将制药行业纳入保护范围，有可能会推迟仿制药的上市，考虑到仿制药将会降低处方药价格，这可能会引起无国界医生组织等团体的愤怒。（小提示：如果贸易协定因对企业过于友好而受到左翼攻击，这些批评意见也不一定就是合理的。）

但TPP关照的不仅仅是那些贫穷的、还在苦苦挣扎的制药公司！值得一提的是，它还囊括了在整个自由贸易协定历史上影响最深远的环境和劳工标准。它专门将风力涡轮机和许多太阳能电池板部件上的关税降为零，加强了对野生动植物和濒危物种的保护，并要求各国提高海洋保护、可持续渔业、伐木和污染的门槛。TPP还对童工设置了严格的底线，围绕就业歧视制定了相应规则，规定了工作场所条件和最低工资的基准，并强制规定加入该协定的国家允许本国工人加入工会并进行集体谈判。

最后一点，由于贸易的全球性特征，TPP不免与许多国家的法律和法规相冲突，因此，任何涉及多国的现代贸易协定的主要内容都在阐明解决纠纷的方式（我们仍未谈及创造就业）。这对于TPP来说尤其棘手，因为它的目标之一就是帮助企业开拓市场并在他国进行投资。"让我们在这里生产一切，然后卖给世界各地"这句古老的格言在21世纪并没有成立，每个人都想分一杯羹，每个国家都想给本国创造就业机会，这个平衡问题很棘手。例如，福特汽车在21个国家和地区设有工厂，美国负责创新和专有技术，但如果向全球消费者销售的话，有时候福特必须在本地完成组装才能满足客户的要求，以符合法规、节约成本、满足当地消费者的品位。美国能够从全球销售中获得一些岗位，但要想把所有的工作都纳入囊中恐怕在今天无法实现。此外，有充分的证据表明，当公司进行跨境投资，并且有他国工人与美国人一起工作时，他们能够了解美国更多（反之亦然），这会加强我们的国际关系。当大家共同努力时，我们会成为更强大的朋友和盟友。

我们也要注意到，左右两翼的部分成员对于全球投资的复杂性深感担忧，毕竟，如果国内企业与外国发生争议，本国能够掌控境内发生的所有问题的能力这一条也就不适用了。投资者-国家争端解决机制（缩写为"ISDS"）允许公司在仲裁时起诉政府，无须忍受漫长的诉讼周期。ISDS 随着《北美自由贸易协定》进入人们的视线，当时美国正担心本国公司在过度政治化和腐败的墨西哥法院无法得到公平审理。从此之后，ISDS 成了美国所有贸易交易的一部分，也推广到了全世界。美国公司喜欢将 ISDS 用作安全网，但是公平来讲，我们有必要问一问——ISDS 是否对每个贸易协定来说都是必要的，毕竟，美国人常常毫无理由地对自己受制于无法控制的境外规则持怀疑态度。

像参议员沃伦这样的 TPP 的批评者把大部分火力都集中在贸易协定，认为如果授权外国公司在临时国际司法体系中挑战美国政府，等于开启了削弱美国法律效力的大门。假设有一家海外公司成功地证明了《美国环境法》以不公平的方式损害了他们的投资，那么 ISDS 仲裁小组从理论上来说就有权对美国处以高额罚款，这有可能促使美国主动削弱法律效力。换个角度讲，如果美国公司在海外投资并受到不公正待遇，例如百事可乐在海外建立工厂，然后被东道国政府接管，公司就需要一种机制来保护自己的投资。这也不只是假设，而是或多或少地发生在了阿拉伯－美国石油公司身上的事实，这家受沙特阿拉伯控制的公司经过了20世纪50年代、60年代和70年代的发展，最终成了沙特阿拉伯国家石油公司。综上所述，全世界已有成千上万的适用ISDS的贸易协约，其中美国加入作为缔约方的有50多个。ISDS暂时还未威胁到美国，但并不等于这样做就是正确的。这一法规很容易被视为公司特权的一种形式，但工人们却享受不到。

那就业呢？这个协定不应该能够创造就业机会吗？如果你细读这5000页协定（我不建议这样做），你将学到消除贸易壁垒、服务出口的新标准、数据和数字信息进出口的限制、劳工条款、环境规定，以及有关如何解决争端的规则。贸易协定虽是一份冗长的文件，但只要不是屏住呼吸寻找"工作"一词，读起来问题不大。其实各位读者也可以自行查找：搜索TPP的全文，你会发现"工作"一词被提及了8次，其中2次是对澳大利亚和日本劳工部门名称的引用。所以在整个5000页的协定中，"工作"一共被提及了6次。相比之下，你会发现霍霍巴油这种用于化妆品的提取物，一共被提及了11次。

5号谣言　贸易战能解决问题

"当一个国家（美国）在和几乎所有贸易伙伴的交易中都损失数十亿美元时，就需要开始打贸易战了，我们胜券在握。"这就是时任美国总统的特朗普于2018年3月2日凌晨发布的推文。一个月后，他的又一条推特宣称"我们没有和中国打贸易战"，最后在6月2日声称："我们在贸易上已经损失将近8000亿美元了，贸易战肯定不会输！"随后的两周内，白宫宣布将对价值超过500亿美元的中国产品大范围征收关税，包括从医疗设备、飞机部件到织物、鱼类产品。于是从最开始标志性的"第一枪"，逐渐升级为"贸易战"。

贸易赤字与财政赤字根本是两回事，同理，贸易战也不像真正的战争那样具备破坏性。但这并不是说贸易战就不会有受害者，相反，贸易战与真枪实战的主要区别在于：贸易战里通常不会有赢家。当特朗普对中国商品征收第一轮关税时，中国以提高对美国大豆、猪肉、铝和其他产品的关税作为回应，堪萨斯州的农民和密歇根州的汽车工人因此遭受重大损失。2018年9月17日，特朗普对价值2000亿美元的中国进口商品征收更高的关税以进行报复。中国第二天又宣布对价值600亿美元的美国商品加征10%的关税作为反击。

当然，大家别忘了，问题不仅是其他国家的关税损害了美国出口商，美国的关税也提高了美国国内的消费价格，伤害了民众的利益。关税的另一个名字就是税。没有赢家，只有受害者。

中美两国从2018年12月起开始缓解贸易紧张局势，但已经造成了非常惨重的损失。首先，美国一半以上的大豆出口都销往中国。但由于贸易战而暂时卖不出去，美国大豆种植者在2018年夏季已经面临着农作物价格大幅下跌的惨状，当年利润大大缩减。事实上，很多农民当时甚至以极低的价格将大豆卖给了未被牵扯到贸易战中的墨西哥和加拿大的中间商，然后中间商转身就卖给了中国，从而赚取利润。每次贸易战爆发时，类似的故事都会重演：各国政府之间相互实行边缘政策，不断出台惩罚性措施，但最终承受市场关闭而带来的负面影响的总是两国的出口商和消费者——市场低迷，物价飞涨。贸易战所带来的动荡将带来长期影响甚至更糟——导致其他国家开始怀疑是否应该与如此不稳定的贸易伙伴合作投资。

最坏的情况是，贸易中的紧张局势可能会演变成更严重的冲突，例如 1812 年美英战争和大萧条。但即使贸易战未造成流血和破产，其结果仍然是毁灭性的。以美国最亲密、最稳定的盟友加拿大为例，加拿大有多忠诚呢？几年前，佛罗里达州的橙子惨遭病虫困扰，整个北半球国家只能转而从巴西购买橙子，加拿大在病害解除的第一时间就恢复从美国市场采购，目的就是帮助佛罗里达州的农民尽快恢复。但是，当特朗普向这位北部友邻就钢铁、铝和其他商品发起贸易战时，连加拿大人也受不了了，立即对美国的橙子征收新关税，即使会增加本国橙子的成本，加拿大也要将橙子的进口地改为巴西。佛罗里达州的橙子产业有大约 7.5 万名员工，他们平时在飓风和农作物疾病上操的心已经够多了，现在还要加上人为灾难。对加拿大的疏远已经让橙子种植业损失了数百万美元和数不清的工作岗位，整个行业的偿还能力濒临崩溃。"美国优先"[1]，这话不假。

6 号谣言　进口越少，我们越好

这句话放在经济学里很好理解：量出制入。如果我是一名太阳能电池板的生产商，想要赚更多的钱，我应该尽我所能地向他人出售太阳能电池板，同时尽量减少我从他人那里购买商品和服务的数量。这种毫无争议的概念听起来应用在全球贸易中似乎很合理，但经济学家会告诉我们，一个国家进出口的政策要比我们管理个人账户的原则更复杂一些。

许多政客（最著名的是特朗普）却仍然坚持错误想法，认为美

---

1. America First，第 45 任美国总统唐纳德·特朗普的外交政策，强调美国的民族主义和不干涉主义。——编者注

国从外国购买的商品越少，美国就越强大。这个逻辑很好理解，还能巧妙地设置在推广"美国制造"产品的浪漫概念里。毕竟，谁不想把来之不易的美元留在美国、支持美国工人呢？虽然说购买美国货当然没错，但认为我们应该——直白点说，美国人民甚至有能力——制造本国所需要的所有东西，并且出售给全世界，还不用掏腰包去买进口产品。这个理念错就错在忽略了有关现代全球经济的一些基本事实。

我在前言部分也提到过，如果明天所有国家之间的所有贸易全都突然停止，和其他国家相比，美国的生存状态可能会好一些。能否生存？能。能活得很好吗？不能。就算能在一个没有进口的世界里活下去，美国人的生活质量也不会太高。如果美国成为一个全部依赖本国生产的国家，美国人民需要面对的是：10美元的香蕉、100美元的衬衫、季节限定的食物。没有iPhone打发时间、没有笔记本电脑看电视剧——会错过《权力的游戏》、《国土安全》（*Homeland*）和《副总统》（*Veep*）这些进口电视剧。哪怕你认为可以把本田或大众换成雪佛兰或福特等美国车也没关系，再仔细想一想，即使是这些我们认为最经典的美国制造的车型，也要依靠无数国外零件来运转。考虑到美国橡胶供应的匮乏，仅仅等待轮胎供应就要很久。如果美国还想保持创新上的领先地位，就必须进口美国无法自然生产的资源，例如设备屏幕中使用的稀土矿物质、光纤电缆、燃料电池、癌症治疗药物等。

在后面的章节中，我们将具体探讨部分这些产品的故事，但接下来要聊的是蓝莓。曾几何时，蓝莓在美国仅仅是夏日才能见到的美味，但由于美国人对这种水果的接触有限，所以需求也不高。当美国开始从季节性气候不同的国家进口蓝莓时（例如智利，美国现在有一半的蓝莓进口量来自智利），美国的生产商并没有被挤出市场，消费者的钱也没有流出美国，唯一的变化是目前蓝莓可以在美国全年供应，消费者需求上升，这反过来又促进了国内种植者的销售。自2001年以来，美国人的蓝莓消费量就增加了一倍以上，而蓝莓的进口量也出现了类似的迅速增长。我们从蓝莓贸易中能学到的是，贸易并不总是零和游戏，进口并不一定会伤害本土工业，甚至可以通过扩大市场或促使本土行业创新从而走向新的高度。

21世纪经济的特点是：产品种类错综复杂，并且很多产品所需要的零件无法由某个公司或某个国家独立供应。再考虑到消费者对商品的可及性和价格的要求越来越高，认为美国能够自给自足的想法很难站住脚。不想再从中国进口铝？没关系，但是依靠廉价原材料的美国汽车制造商、建筑公司和飞机制造商可能就无法照常生产、销售或雇用员工了，竞争力也会大大削弱。不想再看到商店里的外国产品挤走本国产品了？没问题，只要你愿意和一年四季都能吃到的牛油果说Adios[1]。大家都忘了水果的"季节性"，你真的愿意回到只能吃应季水果的时代吗？从我们的朋友和邻居那儿购买的要多于我们卖出的，乍一听可能不是什么好事儿，但如果深入了解美国经济情况之后你会发现，进口不可否认地提升了民众的生活质量，激发了美国的最大优势。别忘了，当美国从其他国家或地区购买商品、提振了当地经济时，他们也将反过来从美国购买更多商品，从而促进美国国内更多行业的发展，带来更多就业机会。这也是为什么亨利·福特（Henry Ford）给员工支付足够高的薪水，并以亲民价格销售Model Ts，让那些生产线的工人也能买得起，如果你想生意兴隆，最好是能让客户们买得起你的产品！

---

1. 西语的"再见"。

7号谣言 贸易是双赢的[1]

经济不一定是双赢的,贸易也不一定是。但在全球范围内,所有与贸易协定相关的新闻发布会上,使用最广泛的词莫过于"双赢"。2010年,奥巴马总统将《美韩自由贸易协定》(*U.S.-Korea Free Trade Agreement*)吹捧为"两国共赢"。日本贸易大臣在2016年庆祝与俄罗斯达成新协定时,称这是"双赢"。《美墨加协定》于2018年公布时,墨西哥总统和加拿大总理罕见地将之称为"双赢"。实际上,要找到一个在签订时没有被吹捧为"双赢"的协定很难,但找到十个"双赢"协定很简单。

如果把眼光放得足够长远,那么对于签署国来说,所有的贸易协定都是"胜利"的:只要降低贸易壁垒,国际订单就会增加,还能提高GDP、降低消费者价格,并实现市场多样化。随着越来越多的发展中国家开放贸易,优势也日趋显著。不妨这样想:今天,发展中国家占全球贸易总额的一半,但20年前,这个数字还不到四分之一。在同一时期,由于世界上一些最贫穷的地方享受到了贸易的成果,生活在极端贫困中(每天生活支出大约为2美元)的总人数也减少了一半。数字最能说明问题,在过去的20年中,脱贫的人数超越了全球历史上的任何时期,贸易在其中发挥了巨大的作用。是的,贸易给美国的工人造成了巨大的损失,这一问题到现在仍未完全解决,但贸易却极大地改善了我们所生存的这个世界,没人说过这两者不能共存。

所以,当我们从整体上看全球经济的健康状况时,毫无疑问,

---

[1] 该部分为作者特指,是从微观上和过程上看待"贸易双赢"问题,认为在国与国之间的贸易整体上双赢的同时,也存在受损的个人、家庭、社区和行业。——编者注

主张"双赢"的这些人并没有错。贸易确实为整个社会创造了利益。但如果我们放大看，这个逻辑本身还是有很多漏洞的。从大局出发，贸易在很大程度上通过减少低效和促进创新等方法带来了益处，如果美国能够以低于在国内开采铜的价格购买外国铜，这将促进国防、电子和建筑等依赖铜的行业的发展，而在进口铜上节省下来的资金可以投入更多的生产、聘用更多的雇员、更多地降低价格上。批评者可能会马上指出，这些节省下来的资金不一定能落到消费者口袋里，说不定会成为公司净增利润的一部分。但从理论上看，这也是美国不可否认的胜利，经济增长、就业率上升、消费者购买力增强以及其他衡量成功的标准上都会有所体现。但是，新贸易协定所纠正的这种"低效率"也不是抽象概念，而是人、家庭、社区——在上面的案例中，是铜矿工人。尽管总体生活水平提高了，也帮助电气工程行业创造了新的就业岗位，数量可能比在矿产业中丢掉的还多，但我们可能在这个过程中加速了一个行业的衰落。囿于教育、地理位置或其他多种限制因素，很多矿工或许无法受益于全新的廉价铜燃料半导体工厂和供暖通风与空气调节公司的发展。随着工作岗位的消失，采矿城镇周围建立的社区将会随着一同消亡。尽管贸易的受益者往往是茫茫人海中的一小撮，但其负面影响更是会精准且冷酷无情地落到那些本就在挣扎中的脆弱社区头上。

那究竟"双赢"贸易中谁是输家？果不其然，政治家们从未坦诚回答过这个问题——但并不等于这个过程中没有受害者。每项贸易协定都会带来赢家和输家，这不是反对贸易的有力论据，至少贸易能使人们的生活总体上变得更好。事实上大家一直都在庆祝这种取舍的结果。但凡有报告显示美国上个月增加了35万个工作岗位，失业率下降了几个百分点，大家都会欢呼雀跃，但35万个工作岗位绝不是凭空而出的——真相大概是上个月有535万人找到了工作，而另外500万人丢掉了工作。虽然这些丢掉上一份工作的人不能说是完全失业，也有可能跳槽去了自己更喜欢的工作，但美国人仍将这种整体上的增长视为好消息，这跟贸易是一样的。如果大家能够理解即使有些贸易协定出发点是好的，但也总会伤害到部分人这一道理，贸易也就没那么晦涩难懂了。在坦诚面对贸易中的权衡取舍后，才能开诚布公地向贸易中的受害者提供援助，帮助他们和所在社区恢复起来。

8号谣言　特朗普说的都是错的

意外吧！如果你没想到这条也能是谣言，不怪你。虽然特朗普痴迷于谈论贸易赤字，自称是"关税人"，时常瞄准美国的经济盟友，发起损敌一千、自伤八百的贸易战，嘲笑"全球主义虚假之歌"，并且失之偏颇地将过去的协定进行妖魔化……但特朗普对贸易的看法有时候是对的。

首先，特朗普那些以"公平"为核心的对贸易的抱怨确实违背了真相。其他国家并没有"不公平地"利用美国作为世界上最强大的经济体的优势。不管选民们是否知情，美国在签订各项贸易协定的时候都头脑清醒、战略清晰，只不过贸易本身自带了不平等属性。美国在劳工权利、工资和环境保护方面具有相对较高的标准，并且在进入全球市场竞争时，依然会遵循这些价值观念。在其他国家和地区，较低的工资期望或对工人压制的更高容忍度等方面，谈判的余地更多，从而导致美国落入不平等的竞争环境。这些国家也会有"国家冠军企业"，政府会插手协助某些私营或半私营企业，帮它们更好地在全球市场竞争。日本政府就与东芝和丰田等公司合作，法国也会协助空客公司。我还清晰地记得在2013年9月于渥太华举行的有关出口融资的会议上，来自其他工业化国家的参会者当听到我说美国政府不会参与企业经营时，脸上露出的震惊的表情。从国家角度来说，美国没有国家冠军企业——美国相信自由企业制度。但很多其他国家政府并不介意对企业进行政策倾斜！在同一张谈判桌上，可能会面对不同的价值观和目标，每当美国与理念不同的国家合作时，必须考虑到对方在谈判贸易协定条款时，通常会为其国家冠军企业着想！这种情况一直存在，这个世界永远都不会实现意识形态的完全统一，所有国家的权利和经济发展也永远不会保持同步。

其次，特朗普对全球化的批评也有点道理，很多工会工人、中西部人以及政治左右两派有时候会赞同他这一观点。但这一批评在表达中已经混入了越来越多的明确的民族主义，以及反移民和反少数族裔的情绪。特朗普阵营在2016年大选之前播出的最后一则广告中指责了三大"全球"演员——金融家乔治·索罗斯（George Soros）、美联储前主席珍妮特·耶伦（Janet Yellen）和高盛首席执行官劳尔德·贝兰克梵（Lloyd Blankfein）——"把钱收入自己囊中"。这是巧合吗？这三个可能大多数选民都不熟悉的人，能有什么共同点呢？抱歉，离题了。

"全球化已经使金融精英们……非常富有"，特朗普在2016年宾夕法尼亚州竞选活动现场对人们说，"但留给数百万工人的除了贫穷和心痛外，一无所有。多年来，工作岗位不断流失，社区陷入了大萧条时期的失业状态时，这些政客全都无动于衷"。当然，真相并非如此简单。作为世界第二大商品出口国，全球化提高了世界各地收入水平，美国因此受益匪浅。当人们收入水平上升时，他们对食物、基础设施、汽车等的要求也会越高，美国迫切地想要满足这些需求，因为这些出口将为美国带来大量的工作机会。但即使是全球化信守承诺，为美国带来了利益，但不可否认的是这些益处并没有全盘分配给广大民众。

经济全球化让超过10亿人口摆脱了贫困不假，但大部分都集中在印度等，让这些人口众多的国家能迅速摆脱极端贫困。当然，这是好事，但大规模的成功也掩盖了全球化对世界其他地区的影响。在全球化过程中，大量的人离开农村加入制造业并摆脱了贫困，但由于劳动力规模扩大，也无意间压低了全球的工资。贸易狂热分子迅速指出，在全球化时代，世界各地收入不平等现象有所缓解，但如果将印度等国家排除在外，结论就没这么肯定了。不管是从全球角度的富裕国家和较贫穷国家之间，还是从美国和其他西方国家的国内角度来看，贫富差距都在拉大。总体而言，全球化帮助了三类人：富裕国家的富人，穷国的富人和穷国的穷人。其中欠缺的是，全球化并没有帮助到富裕国家的穷人。部分能够左右贸易协定的，往往是那些有能力影响到协定的人：大公司、政治上有实力的利益集团和富裕的捐助者。那些受到全球贸易流动打击最大的群体一开始在谈判桌上就没有资格拥有一席之地。

但事实并非一定如此。像这种付给工人最低的薪水、享受着最低的公司税、坐享全球贸易红利的国家这样的贸易，贸易批判者有权将这种竞争谴责到底。不要搞错，特朗普所说的这类贸易对美国的很多群体，包括全球发达国家的工人阶级所产生的影响都是对的，他也并不是这些后果的罪魁祸首，特朗普所做的只不过是揭开帘子，让这些事实大白于天下。为了让贸易为尽可能多的人服务，各国应认真研究本国的法律和政策是如何加剧不平等并缩减贸易带来的积极影响的。要支持那些未在全球化中受益的国家，各国要做的还有很多，要多得多。在本书随后的章节中，我们将详细探讨。

第二部分

六件商品，讲清贸易

在前面的章节中，我们已经快速回顾了美国贸易历史，探讨了贸易政治是如何不断发展（以及如何偏离轨道）的，也阐明了与贸易相关的各种谣言，接下来欢迎进入非常有趣的部分。大家都知道，贸易很重要，它在美国建国后的前150年历史中的大部分时间里完全主导了政治对话的走向，热度始终居高不下。我们知道，贸易让人们为它辩论，也让不同意识形态的人之间产生分歧。但我们还没聊过贸易在日常生活中的表现形式，这难道不才是最重要的事情吗？

人们在聊到贸易话题时，往往倾向于将之抽象成一种既强大又神秘的力量——如月亮一般，既能带来繁荣，也能摧毁远方的整个行业。但实际上，贸易所改变的，或者说给人们带来的改变，全都是生活中的小事情，甚至是普通的几乎注意不到的地方。贸易往往会以人们察觉不到的方式影响着你的生活质量，有时候是从这儿或那儿多省下来一点儿钱，有时候是选择更多了一点，有时候是能买到之前买不到的商品。那么有哪些时刻、哪种体验、哪些结果是我们没注意到，但又确实受到贸易的影响呢？这就是我们接下来要讨论的内容。

我们将仔细研究六种大家都熟悉的最为普通的产品，很可能就是你日常生活中的爱用品。这六种产品的故事就是贸易的真实故事，无须依赖GDP、制造业产出、就业率或劳工统计局（Bureau of Labor Statistics）的任何指标衡量。这是你、我和大家有关贸易是如何或多或少地影响日常生活的故事。

第四章

舌尖上的地球

20 世纪 50 年代，如果你住在加利福尼亚南部，想品尝地道的墨西哥美食，很可能已经来过阿纳海姆度假胜地的米白色小土坯建筑了。20 年前，这座建筑的主人，名为杜林的圣安东尼奥的糖果制造商，在得克萨斯州的加油站和瓦哈卡州的零食销售员古斯塔沃偶然相遇。在品尝过对方制作的炸玉米片后，杜林马上提出购买他的专利和制作机器。后来，杜林带着新收购的产品来到迪士尼（不然还能去哪儿？），和他的团队在 Casa de Fritos 餐厅多年来不断地进行创新尝试，推出的每种菜品都带有他自己的特色：沙拉酱配油炸玉米饼、肉酱配油炸玉米饼、油炸玉米饼派，以及第一种在美国市场上广受欢迎的墨西哥玉米饼薯片（伪装成西班牙名字的"Doritos"——"多力多滋"），其中最流行的是诱人的塔可杯，杜林将其命名为"Tacup"，很简单的一款食物，只需将黑豆、牛肉末、切碎的奶酪和酸奶油放在可食用的油炸玉米饼做成的碗中即可。但就是这款在迪士尼乐园售卖的小零食，如今成了我们熟知并热爱的塔可沙拉。

当然，无论是 Tacup 还是 Doritos，无论是杜林本人还是你，能在 Casa de Fritos 中找到的任何东西，都不能称得上"墨西哥原汁原味"。但就像很多其他外来食物一样，杜林让美国人民尝到了带有墨西哥风味的美食——而今天，塔可沙拉已成为美国最普及的餐点之一。美国民众要感谢广大移民为美国带来了各种无与伦比的菜肴，感谢（或者埋怨）杜林这样的企业家把许多外国美食"美国化"之后普及给广大美国民众，让罗得岛的人一年四季都吃得上泰国菜，在得梅因也吃得上马萨拉酱，阿拉斯加的居民也能品尝到塔可沙拉，在超级市场就能买到寿司，这一切都要归功于贸易。而在不久之前，我甚至都想不到这一切能成为现实（也没想过能这么美味）。

多年来，贸易为美国带来了巨大的利益。即使是那些立场最坚定的批评家也承认，虽然有缺陷，但贸易确实降低了消费者价格，激发了新的产业，提振了美国国民经济。从民众纯粹的生活享受出发，大家肯定能够列举出更多除新鲜的寿司卷、午夜时分的墨西哥卷饼、吐司上的能多益（Nutella）花生酱等之外的例子来，一时间很难抉择出贸易带来的最大的好处是什么。如果没有贸易，大家早已习以为常的各种食材就会从超市货架上、五星级餐厅和快餐店中消失。哪怕像沙拉三明治和香蒜酱这些最不起眼的日常用品，都是美国在过去 70 年里所做的选择而带来的结果。

消费时代之后的美国，没有哪个词能比"多样性"更能简洁地概括它。作为一个承诺以"自由"为基础，到处是流浪者和持不同政见者的国家，多年来被一个又一个来自不同国家的移民和难民潮推动着不断进步，美国除了变成如今这片多元土地，似乎也别无选择。现代美国的自由也是能够在 12 月吃到杧果，在数十种奶酪中做出选择，以及尽情享受牛油果酱的自由。第二次世界大战后，许多具备经济实力的年轻家庭涌现，让大家逐渐将目光投向家用产品、汽车和无穷无尽的食品杂货，生活中的自由也越来越多。1975 年，西方世界开始降低贸易壁垒之后、第一个自由贸易协定签订之前，美国平均每家超市所售商品不足 9000 种。到 2008 年，这一数字猛增到近 4.7 万种。

不乏社会学家研究过这种消费选择大爆发是如何形成的，以及对于美国民众来说意味着什么。密西西比大学历史学家、作家泰德·奥恩比（Ted Ownby）用四个不同的"美国梦"来形容它。"充裕之梦"是美国作为一个富饶之地的长期愿景——塞得满满当当的厨房和架子上满满当当的"物质天堂"。"商品民主之梦"的概念是说通过所购买和拥有的物品，人们可以超越自身的社会地位，"缩小不同背景的人之间的差异"（毕竟每个人都穿蓝色牛仔裤）。"自由选择之梦"是指人们能够自由地在商店的 4.7 万种物品中进行选购，正如奥恩比教授所说："不管人们是对商店本身感兴趣，还是热衷于在购物的过程中想象出如何通过这些商品成为全新的自我，但总的来说，选择商品的过程使购物者找到了重新定义自己的乐趣。"最后一个是"猎奇之梦"，表达了人们对体验新事物的渴望，无论是异国的水果、时尚，还是从 iPhone 8 到 iPhone X 的升级换代，奥恩比写道："这四个梦想代表着未来是不断进步的"，一个融合了繁荣、包容、选择和前进的动力，共同筑成了一个美利坚梦想，而"多样性"让这个梦想的实现成为可能。

或许发生在 1989 年秋天的这件事能充分证明美国人生活中的多样性。鲍里斯·叶利钦（Boris Yeltsin，后来成为俄罗斯总统），在那时曾到美国进行了著名的友好访问。在九天的行程中，他参观了印第安纳州的养猪场，在三所大学做过演讲，受邀参加《早安美国》，并两次乘直升机绕着自由女神像盘旋（他对一位助手讽刺地说这是"自由之上的自由"）。在游览完约翰逊航天中心，准备离开得克萨斯时，叶利钦在休斯敦机场附近的兰德尔（Randall）超市停了下来。他的传记作家里昂·艾伦描述了接下来发生的事情：

> 来自苏联的游客习惯性地在外面寻找排着长队的人群，但发现这里根本不是这回事。进入商店时，面对"各种各样的光"以及"像万花筒一样""令人陶醉"的颜色，他们纷纷表示眼花缭乱。叶利钦问销售人员商店里有多少种不同的产品，对方回答：大约有三万种。一行人去看了奶酪和火腿，开始数香肠的种类，还在计算有多少没数到，各种各样的糖果和蛋糕"应接不暇"……所有这些让人难以想象的繁荣甚至是在"州级"而不是纽约的商店中看到，叶利钦非常"震惊"。在飞往迈阿密的飞机上，他一动不动地坐着，把头埋在手中。"美国对我们的穷人做了什么？"他沉默了很久后说。

叶利钦的顾问列夫·苏哈诺夫将这次计划之外的兰德尔超市之旅评价为"叶利钦的布尔什维克意识的最后瓦解的时刻"。15个月后，"铁幕"之下的多年经济衰退后，苏联正式解体，在叶利钦领导下的内部政权所施加的巨大压力是导致解体的主要原因。但多年后，时任总统的叶利钦被人问及是什么促使了他的反水，推翻了成就自己的苏联体系时，叶利钦直率地回答："美国和它的超市。"

使苏联崩溃的真的是美国多样的饼干吗？不完全是，整个故事要比这复杂得多。但是叶利钦的故事证明了多样性的力量能有多大，对美国的文化有多重要，以及当一个身处封闭经济的人看到开放经济的果实（就是字面含义的果实）时内心的感受。多样性影响着美国民众生活的方方面面，不管我们是否有所感知。当驾驶着外国汽车（稍后会讲到，所谓的"美国"汽车），吃着外国食品，或者从多种多样的笔记本电脑或手机中选购时，我们正在不知不觉地享受着全球化经济带来的好处。

再拿塔可沙拉来举一个例子。大家都知道它很美味，但不是每个人都知道它们实际并不是西班牙食物（包括特朗普，他在2016年总统大选中写过这样一条推特："五月五日节快乐！最好吃的塔可碗就在特朗普大楼的烧烤店！我爱西班牙食物！"）就像杂碎、咸牛肉和卷心菜、幸运饼干以及哈根达斯冰淇淋一样，塔可沙拉在美国长期的食品文化中都伪装成了进口美食——美国人甚至发明了在意大利餐厅中把面包蘸橄榄油的做法，就连意大利人都是后来从美国学到的。看一看塔可沙拉的配料表，你就可以更好地理解多样性的含义，特别是美国人对原料多样性的依赖——提高了美国人的生活质量，也就能更好地理解贸易是如何通过降低价格、丰富消费者选择、填补美国本国缺失的生产产品、填补农业部门的季节性缺口等方式实现多样性的。

如果你是素食主义者、乳糖不耐受，或是正在控制卡路里摄入，那我提前为接下来分析中的考虑不周而道歉。我们假设普通的塔可沙拉包含九种配料：黑豆、碎牛肉、长叶莴苣、西红柿、洋葱、牛油果、切碎的奶酪、酸奶油和玉米饼壳（其他的部分我们省略为固定配料和香料）。从技术上讲，你可以像创始人杜林一样，在脑海中"进口"墨西哥菜的概念，剩下的这九种食材都无须进口了，完全可以用艾奥瓦州的玉米、北达科他州的豆类、蒙大拿州的牛肉、亚利桑那州的生菜、加利福尼亚州的西红柿和牛油果，以及威斯康星州的奶酪和奶油拼凑在一起制作塔可。但是，在冬天你也买得到这些食材吗？全美的生产量能满足全美数亿塔可爱好者的需求吗？换句话说，美国人早已适应了生活中的多样性，你能确保满足他们的标准吗?

　　远远不够,我们可以从美国消费量第二高的蔬菜西红柿说起,西红柿的消费量仅次于马铃薯。(如果你要抱怨为什么西红柿被归类为蔬菜而不是水果,请找最高法院,但这就是另一本书要讲述的故事。)虽然美国是西红柿的生产大国,但美国60%的西红柿供应量仍然依赖进口,并且几乎全部来自《北美自由贸易协定》的合作伙伴墨西哥和加拿大。多年以来,美国民众对国外西红柿的依赖有增无减。2000年,美国的进口额约为16亿磅[1],到2016年,这一数字甚至增加了一倍多,超过36亿磅。便宜的西红柿涌入美国市场后,弥补了佛罗里达州等地区冬季无法种植西红柿的缺口——佛罗里达州是仅次于加利福尼亚州的西红柿生产大州,让美国人对玉米饼、比萨、意大利面酱、西红柿酱的需求可以得到无限满足。如果没有贸易,本国生产的西红柿永远无法满足国内的需求。

　　接下来聊一聊生菜,多亏了贸易美国民众才可以随时买到这种食材。美国国内的生菜产量是80亿磅,出口量是进口量的两倍。但由于近99%的美国生菜都集中种植于两个州的部分地区,导致国内供应格外容易受到干旱和病虫害的威胁。实际上这样的故事在2018年就曾发生过:亚利桑那州尤马市附近有多个与长叶莴苣相关的大肠杆菌暴发,对于一个人口9.5万左右的小城市,这通常不会带来什么大问题,但尤马恰恰就是全美11月至次年3月间90%的生菜的种植地。如果你曾在2018年吃过塔可沙拉,或者说任何其他类型的沙拉,很可能是多亏了墨西哥的进口绿叶及时到货救了急。教训?教训就是即使某个特定产品的国内产量很高,贸易也可以帮助意外短缺所带来的危机。

---

1. 一磅约为0.45千克。

这个故事换成其他常见的原料也同样适用。美国消耗的牛肉量要高于产出（你想得没错，美国在饲养和食用牛肉量方面都是全球领先），因此，为了保证塔可里面的肉馅不会断货，美国要依靠澳大利亚、新西兰和加拿大的进口牛肉。美国每年还进口约 3100 万磅的黑豆和高达 10 亿磅的洋葱，后者的进口地是美国的自由贸易协定合作伙伴秘鲁、智利和墨西哥。玉米是一个有趣的例子，美国是世界上第一大玉米生产国，超过 9000 万英亩的土地专门用于玉米种植，即使每年有 3.6 亿吨惊人的玉米种植量，但美国几乎所有玉米都是转基因的。美国种植的玉米绝大多数都被加工成动物饲料（不管是在国内还是出口到国外的部分）、油、燃料或甜味剂（例如玉米糖浆）。由于美国消费者往往对转基因食品持怀疑态度，所以美国必须从罗马尼亚、土耳其、荷兰和其他国家进口额外的玉米才能满足需求，而这些进口来的玉米，很可能就成了你手中塔可饼的原料。

贸易对酸奶油和奶酪的影响相对较小（至少对于塔可沙拉里的这种奶酪来说），其中一个原因是美国生产的牛奶远远超过了消费量，同时乳制品行业所享有的政府保护水平是其他任何行业所无法比拟的。虽然关税在第二次世界大战后已经不再受青睐，但美国在抵制外国奶牛的竞争方面并没有什么创意。在这里美国常用的一个工具是（抱歉，又要引入缩写了）"TRQ"，即关税税率配额，也就是为给定类型的产品设置配额，在该配额之下的关税非常低——以免被人看出是赤裸裸的保护主义，但在配额之上的部分，关税却极其之高。例如，进口黄油在超过配额后将从零关税变成每磅约 80 美分的税额，超过其市场价格的三分之一。其结果就是，在竞争激烈的美国乳制品市场，一旦达到配额，任何进口产品都没办法进入市场。配额一般都比较低，约占所有乳制品产量的 2%，除了广受欢迎的外国奶酪外,剩下的进口奶酪基本上都不会抵达美国的海关和商店。如果你恰好喜欢美味的法国、意大利和西班牙奶酪,真幸运!但如果你以前从未在商店见过外国牛奶,以上就是其背后的原因之一。

接下来要聊的是在美国广受欢迎的牛油果,这里肯定绕不过它。但不管外界多么爱牛油果,我的妈妈永远都不买账。不久之前,牛油果不过是一种季节性的区域性美食而已。20世纪90年代末之前,消费者很难在加利福尼亚州以外的地方或夏天之外的季节中找到它。从之前的默默无闻开始,牛油果进行了席卷式复仇。2000年,美国人购买了超过10亿个牛油果,创造了纪录。2005年,这个数字几乎翻了一番,到2015年,全国一共吃了大约42.5亿个牛油果(神圣的牛油果酱!)。是什么让加利福尼亚的高端食材成了美国民众的日常食物?当然是贸易。

至少从1871年起,加利福尼亚州就开始限制牛油果树的种植数量,当时圣巴巴拉的法官想办法从墨西哥进口了三棵牛油果树。半个世纪之后,威斯康星州的一名高中辍学生被杂志上牛油果树的插图迷住了。这个年轻人把自己所有的积蓄都拿了出来,再向他姐姐借了一大笔钱,然后在洛杉矶的拉哈布拉高地购买了一小块土地。这位业余爱好者在没有接受过任何培训的情况下,将几种已有的牛油果品种的种子进行嫁接,培育出了新品种,极大地改善了水果的味道和口感。北美食用牛油果中,95%左右都源于一棵活了76年,死于2002年的独株树——这一切都要归功于来自威斯康星州的年轻人鲁道夫·哈斯的运气和创造力。

哈斯牛油果回到了墨西哥老家,但格兰德河[1]以南的有利生长条

---

1. 美国和墨西哥之间的河流,墨西哥称"北布拉沃河"。

件让更多的墨西哥人在很长一段时间内比美国人更能享受到这份美味。1970年至1999年，美国是世界第二大牛油果生产国，平均每年生产15万吨的牛油果。而墨西哥每年53万吨的平均产量让美国相形见绌。虽然美国人是在这几年才开始迷上吃牛油果，但美国的生产能力其实是在下降的。例如2017年，美国仅生产了13.2万吨牛油果，由长期第二的位置跌至世界第十。美国国内的供应已经跟不上人们的需求，但进口量却跟上了。

真正促成美国和牛油果"姻缘"的，大概还是得说回到《北美自由贸易协定》。在贸易协定签署的前几年，美国严格限制了墨西哥水果的进口，但美国的新贸易伙伴关系却慢慢开启了20世纪90年代后期壁垒逐渐消除的新纪元，2007年，所有的关税和配额彻底消除。贸易限制放开的时期恰好赶上牛油果在美国的逐渐走红，越多的贸易壁垒被清除，也就有越多的需求随之而生。2000年左右，美国人食用的10多亿个牛油果中有约40%是进口自墨西哥、多米尼加共和国、哥伦比亚和秘鲁等地。截至2015年，美国人消费的40多亿个牛油果中，约有85%都来自进口。

对墨西哥水果的政策转变，虽然只是作为一套庞大的协定中很小的附录部分，但却有着深远的影响。如今，牛油果在美国随处可见，从汉堡王到曼哈顿的豪华餐厅，从时髦的冰淇淋店到高档的化妆品磨砂膏，不一而足。经相关行业预测，仅在超级碗周末，全美就把1.4亿磅的牛油果做成牛油果酱。牛油果吐司成了最能代表千禧一代的代名词，这主要是因为澳大利亚百万富翁蒂姆·古纳（Tim Gurner）在接受《60分钟》节目的采访中表示，这一代人对于昂贵的早午餐的追捧是他们购房率低的原因。这一言论很快在网上传播开来，也遭到了不少嘲讽。但不管怎么说，美国人现在平均每年食用超过7磅的牛油果，也就是近20个典型的哈斯牛油果，是美国在不到20年前的总消费量的三倍以上。如今，牛油果的常规消费者比例已经高于樱桃、覆盆子、芦笋和梨。事实上，由于这种黄油般的绿色椭圆形水果已经变得太过普遍，甚至有人已经开始产生"牛油果厌烦症"，这已经引起网上美食博主们的抵制，表示牛油果这种红极一时的水果早已"过时"了。

究其内核（准确来说，究其牛油果核），牛油果在美国文化中的迅速崛起只不过在重复当年巧克力、咖啡和茶这些进口奢侈品所走过的路，类似的故事已经重复了几百遍，还有像菠萝、孜然芹、茴香和是拉差辣椒酱，这些带有异国风情的名字都曾让美国人好奇无比。需要说明一点，在这些故事中，发挥主要作用的是贸易而不是贸易协定。虽然美国并未与越南签订贸易协定，但美国人已经接纳了很多来自越南这样的国家的商品，进口贸易也从未间断过。值得一提的是，以上这些对美国农业带来的冲击，远不及全球化对制造业带来的伤害。总体而言，国际客户让美国农民受益匪浅，他们95%的客户都生活在美国之外的区域或国家。

贸易在塑造美国文化多样性这一方面一直是鲜为人知的主要功臣：它不仅影响了美国人吃的食物、使用的产品、驾驶的汽车，还有享受的娱乐以及从事的工作。找个时间去本地的杂货店，可以试试鲍里斯·叶利钦的视角：巴西坚果和中国核桃摆在一起，旁边是印度腰果、秘鲁胡萝卜和墨西哥的西蓝花，还有来自新西兰的羔羊肉和来自加拿大的鲑鱼，更不用说世界各地的香料。这种丰富的多样性选择只存在于开放的全球化经济中。部分受外国竞争影响的产业确实因贸易而被削弱，但超市中的杂货架和熟食柜也因此而变得琳琅满目。这是充裕之梦、商品民主之梦、自由选择之梦以及猎奇之梦的融合。遗憾的是，并不是全美各地的所有美国人都能享受到这些梦想的果实。但不管怎么说，正是这些梦想，成就了美国人现在的生活。

温斯顿·丘吉尔深知以上道理。第一次世界大战爆发前,年轻的温斯顿爵士被任命为海军部第一大臣时,他最关心的是确保英国军舰能够承受德国舰队的火力。鱼雷带来的不仅仅是更强大的进攻性和防御性,也增加了船只的重量,速度也非常快。丘吉尔面临的选择是继续使用英国生产的大量煤炭(英国盛产煤炭),还是继续使用以石油作为燃料(石油持续时间更长,产生蒸汽的速度更快,产生的烟雾更少,船舶加速更快,并且能保证远处的敌舰看不到烟雾)。唯一的问题在于英国完全不生产石油。当丘吉尔决定将皇家海军的供给原料从国内煤炭换成进口石油时,遭到了包括军事领导人在内的一致批评。当时很多英国人没办法理解为什么要把国内自给自足的能源换掉,但丘吉尔说服了国会。不久之后,所有新的英国船只都换成了进口石油作为燃料,这一决定确保了同盟国在第一次世界大战期间对德作战中占据优势地位。

丘吉尔、叶利钦和塔可沙拉的故事告诉我们一个道理:如果想要成功,想拥有多样性,拥有力量和美好生活,必须把目光延伸至国界之外,必须进口。将不同国家的多种文化中的最优部分融合在一起将会带来的力量和韧性,不论有多么自给自足或立场多坚定的国家,都不可能独立实现。虽然全美制造的塔可沙拉听上去多多少少有些自豪感:艾奥瓦州的玉米、蒙大拿州的牛肉、加利福尼亚州的西红柿等,但加入了进口原料的塔可沙拉,就像以石油为原料的英国战舰一样,效果更好。这里面的罗马尼亚玉米、墨西哥西红柿、秘鲁洋葱等,比历史上任何时期都更容易获取,性价比更好,更稳定。美国将世界各地最好、最优秀的食材融合在一起,让美国民众能享受到选择的自由和物品的多样性,这不正是最具备美国特色的体现吗?

第五章
车轮上的文明

在聊过了西红柿、洋葱、牛油果和生菜后,接下来我们聊一聊柠檬车——这里的"柠檬"不是那种黄色的水果哦,不过稍等,我们确实会聊到另一种黄色水果。但这里说的不是柑橘类水果,而是雪铁龙(还有福特、雪佛兰和克莱斯勒)。生于 20 世纪 60 年代之前的人可能对柠檬车记忆犹新。年轻人可能会问:"你们在说什么?"现在为不了解情况的读者介绍一下,柠檬车是指因为各种不间断的小毛病而反复返回经销店维修的新车,所以本质上就是废车。放到今天大家可能觉得不可思议,但在 20 世纪 70 年代中期之前,柠檬车确实是一种普遍现象。

虽然没人能讲清楚为什么人们最开始会把有缺陷的汽车称为"柠檬车",但或许可以追溯到 20 世纪初的英国俚语——也可能是因为人们买了这种车之后心里会酸涩。我的年纪大了,回想起柠檬车,想到的都是去经销店时祈祷自己不要碰巧买到。如果你碰巧是买到过柠檬车的倒霉买家之一,肯定对此更加深有感触——引擎冒烟,汽车在回家的路上会抛锚,没过几天零件就停止工作。我曾经买过一台 1965 年的别克云雀(Skylark)敞篷车,每次拔掉钥匙之后引擎还会发出"噼里啪啦"的声音，几分钟后才能彻底安静下来。我的这辆车是香槟雾（champagne mist）色的，我的朋友们都开玩笑说我的这辆车肯定是废掉了（miss-t）。我父亲的1957款水星旅行车也没好到哪里去。在很长一段时间里，人们对柠檬车基本上束手无策，只能默默为维修费买单，然后归咎于自己运气不好。

1975年，消费者终于拥有了追索权。杰拉尔德·福特（Gerald Ford）总统签署了《马格努森-莫斯保证法》（*Magnuson-Moss Warranty Act*）——第一个所谓的"柠檬法"，消费者在发现所购买汽车不符合卖方质量担保的情况下可以寻求法律补偿。1982年，康涅狄格州作为第一个采取行动的州，通过本州的柠檬法并提高了相关标准。现在，美国所有州都有了自己版本的柠檬法，保护不慎买到柠檬车的消费者。但是柠檬法所做的也只是给倒霉的消费者提供了一个挽回损失的途径，实质上并没有做任何事情来提高车辆的质量。毕竟，大多数柠檬车都是享有盛誉的汽车制造商制造失误的结果，并非蓄意欺骗消费者。那为什么柠檬车后来逐渐消失了呢？答案就在这个美丽的词汇当中：贸易。大家早就猜到了吧！

第一家向美国出口汽车的外国制造商是大众汽车集团，也正是它在1949年（第二次世界大战结束仅4年后）首次将甲壳虫汽车带到了美国市场，那年总共卖出了两辆（没错，两辆）。20世纪50年代初期，捷豹、奥斯汀和MG等英国车也进入美国市场，后来丰田和日产也在20世纪50年代末悄悄跨越大洋入驻美利坚。甲壳虫从1955年开始转运，当时美国大众汽车集团位于新泽西州的北美总部成功使自家销量从1949年的两辆跃升至1957年的约5万辆。后来我父亲把他那辆倒霉的水星旅行车卖掉，买了一辆1961年的红色大众汽车[跟电影《阳光小美女》（*Little Miss Sunshine*）

中的面包车是一样的］，这几乎是我们在路上看到的唯一一辆外国汽车。但这辆外国车很便宜，又省油，比原来那辆车还更能装。但当时车上没有汽油表，所以我们不得不在纸片上自行记录里程，然后贴在仪表盘上，以免到时候忘记加油！还好美国的汽车制造商后来引进了这种小型货车的车型并进行了创新，推出了美国版车型。不过，当时大部分美国人的计划仍是买美国车。1960年，汽车制造商"三巨头"（通用、福特和克莱斯勒）约占美国市场份额的90%，这一数字甚至不包括美国汽车公司等其他国内公司。到1970年，这一比例仅略有下降——降至82%。如今，"三巨头"仅占40%左右的市场份额。

　　杀死柠檬车的并不是柠檬法，而是激烈的外国竞争和20世纪70年代起逐渐落地美国的先进制造技术。这些年来，免受海外竞争对手困扰的美国汽车制造商越来越懒惰，在日本车和德国车到来之前，他们毫无控制成本或提高质量的动力。我已故的朋友保罗·伯格莫泽曾担任福特和克莱斯勒的总裁，他曾对我说：美国汽车业高管对他们控制市场的能力非常有自信，还毫不忌讳地邀请日本汽车业高管参观自己的组装车间，完全不担心外国竞争者会抢占客户！当然，这种态度是短视的。公开竞争往往能够刺激创新，但由于美国制造商的短视态度，多年以来本国消费者并没有享受到益处。

　　在第一章中，我们已经讨论了日本汽车制造商的到来如何改变了美国市场，震动了汽车之城底特律。20世纪50年代中期，本田、丰田、日产、马自达和斯巴鲁在美国购车者心目中已经和质量挂钩。但是，这些进口产品真正革命性之处不在于车型，而是汽车的组装方式——精密工程技术、机器人技术，再加上对质量精益求精的不懈努力。车间工人也拥有一定权力，汽车制造商将kaizen——日语，

"改进"——的价值观传达给员工，鼓励他们提出建议，以改善生产流程。他们采取了"安灯绳"（Andon cords）制度，类似于乘客可以在公交车上拉绳要求停车的规定。工人发现问题后，有权要求及时停止装配。混合生产线上，在美国运营的日本汽车制造商可以在同一条装配线上生产不同类型的模型，消费者的需求能得到更高效的响应。直到今天，很多福特和通用汽车工厂中的装配线都因为缺乏这一装置而被停用，实际上，这正是很多工厂最终被关闭和大量产能未被激发的主要原因之一。

在那几年中，美国贸易政策允许大量进口商品进入本国市场参与竞争，美国消费者很快发现日本和德国等其他国家所产的汽车更具吸引力。对美国厂商来说，保证增长的唯一方式是模仿。随着时间的推移，底特律的生产能力迅速增长，精密自动化也逐渐跟了上来，虽然进入20世纪90年代后，美国仍然处于追赶状态，虽然很多汽车工人在这一过程中失去工作，但美国消费者却拥有了更高质量、更可靠的家用汽车，也让柠檬车最终成为历史。但对于很多因为技术变革而失去工作的人来说，这段时间非常艰难，即使如此，美国汽车业也确实因此被迫开始创新并逐渐强大起来，很多人保住了饭碗，避免了被海外竞争者完全取代。

消费者常常忘了现在的汽车有多强大。多年来，来自日本、德国、韩国、英国、美国和其他国家的汽车制造商为了赢得客户，不断地在竞争中提高自我。现在汽车的安全性和性能已经达到了曾经无法想象的高度，通常可行驶距离也超过了10万英里。对于大多数美国人而言，在提到进口和出口时，汽车大概是第一个出现在脑海中的商品，而汽车也恰好完美地说明了全球贸易如何给消费者带来更好的产品。通往"更好、更安全、更耐用的汽车"的目标之路并不顺利，一路走来，"纯正美国汽车"的概念已随之消失。

纯正美国汽车并不存在

福特野马、雪佛兰科尔维特、凯迪拉克黄金帝国，除了这些经典的美国汽车外，恐怕各位读者很难再列举出更多20世纪标志性的美国符号。汽车在美国文化中所占据的不仅仅是核心位置，它是彻头彻尾的浪漫气息。几十年来，电影、音乐、文学和艺术更是激起了美国人对汽车的痴迷，汽车是美国"天命论"（Manifest Destiny）的当代体现，是美国特有的民族野心，是对探索的热爱，是大多数美国人对自由的理解、对宽阔大路的向往。美国人有多爱车？但如果让你猜2018年"最美国"的车——在美国生产的零件、人工和装配中所占比例最高的车——是哪一款？各位肯定会在福特和雪佛兰之间犹豫，但实际上，根据美国国家公路交通安全管理局（NHTSA，依法负责每年发布美国制造的汽车评级的联邦机构），2018年"最美国"的车其实是——期待的鼓点响起来——本田奥德赛（Honda Odyssey）。

是的，本田奥德赛！在亚拉巴马州林肯市的中心地带组装，采用美国产发动机和变速箱，因超过75%的美国产配件而在2018年荣登榜首。从法律角度来说，在技术上讲"美国制造"其实是包括了美国以及加拿大的贡献，这或许也体现了美国供应链和制造流程是多么无缝顺畅。零部件的贸易在两国之间如此自由，甚至政府也分不清到底来自何处。从底特律到加拿大安大略，近得就好像都不能完成每日一万步的目标。再往下看这份美国车的名单，排名领先的是大量本田车，包括思域、飞行员、讴歌MDX等，之后才是第一辆德国车——梅赛德斯-奔驰C级轿车。在这之后，美国才能在这份2018年"最美国"汽车排名中找到一个国产车牌子——雪佛兰科尔维特，美国本土贡献率为67%。再往后看，更多的本田、丰田、现代、日产和奔驰，偶尔有福特或别克穿插其中。

实际上，排名在奥德赛之后的就是本田山脊线，这款车在2017年年底特律车展上被评为"年度北美卡车"。和奥德赛一样，山脊线的组装地也在亚拉巴马州，设计地在加利福尼亚州南部，引擎和变速箱均来自美国，工程和测试（也被称为"研发"）在俄亥俄州雷蒙德的本田美国研发中心，该公司有1600名当地雇员。山脊线不如福特的F系列畅销，但即使在皮卡车这个美国车扎堆的领域中，山脊线依然名列榜首。人们以为的"美国车"和实际使用美国产的零件制造的汽车之间之所以会有差距，主要是因为现代经济中最常被忽视，也是最主要的要素之一：全球供应链。

供应链说到底只是产品制造过程中的路径，也就是原材料、自然资源、零件、原料、人工以及产品在制造过程中经历的所有步骤，以及在最后成为投放市场的产品之前所需的所有程序。这些供应链越来越多地被称为"价值链"，这反映出其中包含了研发、工程和其他非物理要素的事实。像本田山脊线这样的卡车、iPhone等电子产品以及我们使用到的任何复杂产品，都是如此。在我担任美国进出口银行董事长时，美国向埃塞俄比亚航空公司或肯尼亚航空公司销售飞机的交易中，我们会给予资金支持。大家通常会误以为这一举措只是为了帮助波音公司创造工作岗位——它是全球最大的公司之一。但一架飞机不可能在波音的芝加哥公司办公室或西雅图郊区的制造工厂里完全成型。波音公司的产品制造实际上依赖着分布在美国各个州的一万三千多家供应商，而这些供应商（其中许多是小型企业）又依靠波音公司的大订单来养活自己、雇用员工和发展当地经济。一架飞机的供应链中有着数千个环节，其中有纽约州的普莱恩维尤（Cox & Company 在这里生产电动除冰设备）、俄勒冈州的麦克明维尔（Meggitt Polymers 在这里生产轮毂橡胶密封件）、密苏里州的圣查尔斯市（我访问过的 LMI 航空航天公司在这里生产襟翼）和俄亥俄州的坎顿市（Canton Drop 公司在这里生产起落架零部件）。还有像约翰迪尔公司（John Deere）生产的牵引器外部金属零件等零部件，在完成最终组装和销售之前，要在美国和墨西哥之间来回运输无数次。我们所生活的这个时代，从儿童玩具到智能电视，再到汽车和飞机，各种各样的产品中所包含着的硬件和软件都越来越复杂。要想真正了解我们使用的物品来自哪里，了解供应链非常重要。

全球供应链并不是什么新鲜事，甚至最早可以追溯到 18 世纪。但其中有些供应链是非常肮脏的，最不堪的要追溯至西非人被绑架到美洲，并被迫在加勒比海种植园种植甘蔗，并将糖液化为糖蜜，然后运至新英格兰的蒸馏厂制作成朗姆酒。然后人们再将这些朗姆酒运送至欧洲，换取其他商品，这些商品再用来换西非的奴隶，最终完成了这一循环。在整个工业革命中，稍微有些人性的全球供应链将普及开来，随着当时轮船和其他运输方式的进步，不同国家和地区可以采购全球的货品。在 1840 年至 1910 年之间，运输时间逐渐常规化，贸易沟通也因此得到保障，从而使横跨大西洋的运输成本降低了 70%，商品价格也便宜了很多。然而，真正的突破还是发生在近代。第二次世界大战之后，在技术的进步、贸易协定的签订、经济实现一体化等因素的推动下，全球供应链逐渐实现无缝衔接。例如波音 737 飞机依赖的不仅仅是美国小镇的本地工具和制模车间，多亏了贸易和便利的运输，它们还用上了来自中国天津的驾驶舱面板、荷兰的电线和德国的窗户密封条。

当然，反方向的贸易也是存在的，很多美国民众认为由外国公司在国外销售的"外国"产品其实都是使用美国零件、服务或自然资源生产的，这同样也促进了美国的就业。如果路过太阳化纤公司

(Sun Fiber)——一家聚酯制造和回收业务的公司，你可能根本看不出它其实是一家更大的公司——中国浙江江南化纤的子公司和供应商，但太阳化纤公司已经为南卡罗来纳州的里奇堡创造了300多个工作岗位。佐治亚州的西尔瓦尼亚是一个约2500人的小镇，也是SV Pittie纺织厂的所在地，这家投资额达7000万美元的新工厂将为本区域创造250个就业机会。这个名称中的"SV"代表着印度拉贾斯坦邦数百年历史的纺织集团斯里维拉皮蒂（ShriVallabh Pittie），位于佐治亚州的工厂将向该集团提供劳动力和棉花产品。还有很多中小型美国企业作为外国公司供应商的例子，它们对美国社会的影响不亚于"美国"工厂或马路对面的农场。

无论是从哪里供应到哪里，全球供应链已成为所有产品的常规操作，甚至包括看似简单的商品在内。例如，对于美国铅笔制造商而言，使用巴西雪松、中国涂料和印度石墨来降低成本并不少见。如果依靠国际零件节省成本对基本产品来说很重要，那么对于像汽车这样更复杂的机器来说，全球供应链可以说是至为关键。看一下汽车上的车辆识别号（缩写：VIN），你就会知道我在说什么了——VIN通常位于仪表板内部，驾驶员侧的门框或引擎盖下方。其中号码牌的第一位数字代表汽车组装地：1、4、5表示汽车是在美国制造的。但如果你驾驶的是福特蒙迪欧（Ford Fusion）、通用吉姆西（GMC Terrain）或林肯MKZ（Lincoln MKZ），你看到的第一个数字可能会是3，因为这些车通常都是在墨西哥组装的。福特福克斯（Ford Focus）的车主很可能会看到W代替了初始数字，这是因为该特定型号通常是在德国制造的（W实际上代表的是"联邦德国"……看来VIN码也没有我们想象的那样与时俱进）。福特锐界（Ford Edge）和雪佛兰探界者（Chevy Equinox）都是以2开头，这代表的是加拿大制造。凯迪拉克CT6的L表示它是在中国组装的。

087

大家现在有思路了吗？

　　大众汽车最先认识到全球采购的优势，并早在1961年就在墨西哥建造了第一家装配厂。不久之后，几乎所有汽车厂商都开始追随它的脚步。随着贸易量不断增加，进口壁垒的减少，各大厂商开始进行更高效率、更优性能、成本更低的汽车制造竞赛，零部件的全球拼凑大赛也逐渐成形，像福特野马这样的经典美国汽车开始使用中国制造的变速箱。2018年的别克卡斯卡达（Buick Cascada），看起来是美国通用汽车，但其实是由其德国子公司生产的车型，并且在菲律宾装配了韩国变速器和匈牙利的发动机。到2018年，不仅本田奥德赛成为"最美国"的车，宝马也连续五年成了美国出口额最大的汽车商——除了宝马外，还没有哪个汽车商取得过这样的纪录（记住，"B"代表巴伐利亚，而不是巴尔的摩）。宝马，这款最好的德国SUV，出自南卡罗来纳州格里尔的1150英亩的工厂。没错，当德国公民想购买宝马SUV时，却发现这个国产品牌的汽车要从美国进口！只要汽车制造商用了中国的变速箱或墨西哥的发动机，这些零件本身可能还包含来自许多不同国家（包括美国）的更小的零部件。

　　实际上，汽车制造业全球化的程度如此之高，不可能有哪个国家能够完全靠自己生产出优质且经济实惠的汽车。"9·11"恐怖袭击事件后的几天，我们就曾见证了类似的黑色实例。出于对国家安全的考虑，当时美国曾暂时关闭边界。在无法引进国外的发动机、变速箱、减震器和数百种部件的情况下，美国制造商在三天之内就放弃了，他们根本无法独立组装出一辆汽车。撇开美国汽车自给自足的理想概念，更关键的是，这些外来品才能让美国汽车更好、更便宜、更可靠。究竟有没有"纯正全美制造"汽车这个问题见仁见智，Model T或许算是其中一种，但在第一次世界大战后不久，最早一批的美国汽车制造商便开始在加拿大建制造工厂了。

各位读者或许已经猜到，汽车生产中彻底的全球属性已经模糊了人们概念中进口汽车和国产汽车之间的界限。新观念颠覆了"买美国货"的旧想法，不仅是在汽车行业，而且体现在生活的方方面面中。购买美国货是许多美国家庭一直有意坚持的理念，《消费者报告》的一项全国调查显示，78%的美国人会更愿意购买美国制造商品。奥巴马政府的一位高级官员曾向我抱怨他的妻子偏爱购买本田奥德赛——已经连续买到第四代了。他曾经问妻子说："为什么不能买一辆好的雪佛兰或福特呢？"当我告诉他奥德赛被交通部评为"最美国"汽车时，对方大吃一惊。

出于爱国心理而购买美国车的人们常常是一时热，但之后也会进行理性思考。美联社曾在2016年总统大选期间进行了一项民意调查，当时全球化问题格外突出，民调显示，大多数美国人把低价看得比"美国制造"的标签更重。虽然大约四分之三的美国人都说要买美国货，但民调结果显示，只有9%的人才真正会这样做。当在一条85美元的美国制造的裤子和一条50美元的外国制造的裤子之间选择时，接受调查的人中有三分之二明确表示，无论收入如何，他们都会选择价格较低的。虽然大家显然都想要省钱，但购买美国货的愿望还是非常强烈。

那么，在这个小到铅笔、大到汽车都要全球采购的时代，什么样的产品才算得上纯正美国货呢？为了解答这个问题，我与美国大学科戈德商学院国际业务系主任弗兰克·杜波伊斯（Frank DuBois）聊了聊。杜波伊斯教授于2012年创建了科戈德美国制造汽车指数（Kogod Made in America）作为参考排名，帮助大家更清楚地了解什么才能决定汽车的"纯正美国制造"。他的研究进一步证明，没有人能买到纯正的美国货。2018年的科戈德指数和美国交通运输部的排名中，没有一辆汽车的美国（或加拿大）制造含量能超过76%，并且杜波伊斯预计，随着越来越多的公司采用中国、印度和泰国生产和出口的汽车零部件，这一含量将会进一步下降。没错，还有个冷知识告诉大家：雪佛兰斯帕可（Spark）其实是最不"美国"的车，美国或加拿大制造的含量仅有1%！

事实已经很明显，是时候为美国感叹它已失去自主生产强大机械的能力了，美国再也不能"独立更生"了。这不仅仅是我的一家之言。在2019年年初，我参观了一家名为拉西尼（Rassini）的公司——一家汽车刹车的制造商，也是众多"美国制造"的皮卡车中支撑弹簧的第一大供应商。通用汽车和其他美国汽车制造商因采用了拉西尼的尖端产品而让自己的汽车更安全、更具创新性且价格更实惠，简直可以说是美国司机的福音……但拉西尼公司坐落于墨西哥普埃布拉市。拉西尼公司的故事完美证明了，"独立自主"虽然会让美国人忆起当年的牛仔岁月，但"全靠自己"这件事现在的意义甚至还比不上当年。包括美国在内的所有国家对全球供应链的依赖，能够实现以更少的钱制造出更好的产品，不仅仅有铅笔、汽车以及飞机等，也包括大量产品和服务。从2000年左右开始，客户支持呼叫中心开始逐渐移至印度，这一颇具争议的趋势也是以上现象的一部分。公司通过区域转移能够实现全天候支持，这一点在美国多个时区很难做到。当然，这也已成为"外包"的典范，也是公司为了节省开支而将美国工作向海外运送的一种广受诟病的做法。

从公司的角度来看，将装配线或呼叫中心的工作外包与使用印度金奈制造的福特翼搏（EcoSport）没什么不同。毕竟，以上两者都是通过转移供应链，以利用成本较低的国外零件或劳动力来削减成本。但我们替换掉的不只是美国的钢铁和石墨，还以地球另一边的人顶替了身边的人，接替了他们原有的工作。全球供应链一直在为美国家庭供应着各式各样价格低廉的产品，但公司在急着改进产品、提升利润的过程中，逐渐以对待美国零部件的方式对待美国工人：两者均可被替换。变革的步伐迅猛到令人恐惧，"其他人"（外国工人）顶替了本国工人，抢走了他们的工作，更加剧了美国人对全球化的恐惧和不满。

最后一点也是导致美国左右两派如此强烈地反对全球化的导火索。贸易评论家们当然有权站出来为美国的工作岗位说话，但他们将好时公司（Hershey）和希博伊根[1]的家庭的幸福看得比海得拉巴[2]和深圳的家庭的幸福更重要，这是不对的。贸易支持者会反驳说他们也在保护美国的工作，虽然有时候这意味着将低工资的工作转让给其他国家，以便美国更多地发展其他高技术含量的工作。但支持贸易的政界人士在这一点上总是不够诚实——即使当他们如实相告时，人们往往也不会接受。例如，当比尔·克林顿在1992年的总统辩论期间说，现在18岁的美国人平均"一生中将换8次工作"时，公众听到后并不买账。

现在，即使美国想要关上全球经济的开关，恐怕早已没那么简单。如今，几乎所有美国行业都已经与全球其他地区交织在一起，这一趋势不可逆转。即使是福特、通用和其他汽车制造商用于汽车外饰的特殊黑色油漆，也得从日本福岛进口，但采购不得不在2011年核泄漏事故之后被迫暂时叫停。推行贸易保护主义，短时间内保护美国的就业岗位并不难，只需要抵制所有外国公司或对外国钢铁

---

1. 美国威斯康星州下属县。
2. 印度南部城市。

征收高额关税。但真正大量依赖进口金属来保持自身竞争力的是福特和雪佛兰，不是本田和日产。丰田凯美瑞（Toyota Camry），这款美国 21 世纪大部分时段内都称得上是最畅销的汽车，是在肯塔基州的乔治敦制造的，据说正是这款车为美国带来了最多的装配线工作。2011 年美国广播公司新闻网调查发现，凯美瑞每售出 100 辆汽车，就创造了 20 个美国制造业就业岗位，福特翼搏则能带来 13 个就业机会。总而言之，"外国"汽车制造商雇用了大约 13 万的美国人，其中大多数人集中在肯塔基州、俄亥俄州、密歇根州、田纳西州和南卡罗来纳州。如果美国限制进口或退出全球贸易，将对他们造成什么影响？

关税：圆圈行刑队

说回关税。230 多年前，关税是美国贸易保护主义者选择的武器。你大概还记得，关税实际上是美利坚合众国成立初期的相当有效的工具——必不可少，因为关税基本上是美国当时唯一的税收来源。早在亚历山大·汉密尔顿和他的同僚为关税辩护时，就提供了明确的理由为外国竞争设置壁垒：我们的工业处于起步阶段，就像茧中的毛毛虫一样，所以必须保护它们的安全，直到它们成长起来独立飞翔。当然，那时的制造业没有那么复杂，我们可以在国内采购所有产品，包括劳动力。商品也简单得多，在生产过程中很少在不同国家中来回穿梭。但在一个竞争激烈的成熟美国现代工业体系中，商品需要经过漫长而错综复杂的全球价值链，很难想象有哪种关税能帮助到美国工人而又不伤害其他国家。

以钢铁关税为例（特朗普在 2018 年就曾施加钢铁关税）。特朗普当时宣布,高额关税将使美国企业购买外国钢铁的成本更高,从而"公司无须解雇员工"。他没说错!关税确实防止了公司解雇员工,只不过这类公司只是钢铁公司而已。2018年11月,位于印第安纳州韦恩堡的钢铁动力(Steel Dynamics)宣布,将开始建造一座新的二辊扁钢轧机,预计将为美国西南部某地区提供600个新工作岗位。特朗普于那周晚些时候在推特奔走相告:"正如我所预料的那样,钢铁就业岗位回来了!"然而,特朗普可能没有预料到的是关税对其他类型公司的影响,具体地说就是对美国企业依赖于完成销售和雇用美国工人的全球供应链的影响。

最典型的例子莫过于美国的汽车工业,同样的进口壁垒为钢铁动力的扩张扫清了道路,也打击了通用汽车这样的公司。由于新关税对汽车建造所使用的原材料的影响,这些公司在新生产计划中面临着10亿美元的生产成本增加。2018年6月,通用汽车警告特朗普政府,这些关税以及后续不可避免的贸易战,将导致"投资减少、工作机会减少和工资降低"。白宫高级贸易顾问彼得·纳瓦罗(Peter Navarro)认为通用只是在"放烟幕弹"。几个月后的11月26日,即有关钢铁动力计划建造新钢厂的消息传出当天,通用的警告成真。通用汽车当天早晨宣布关闭美国的4家工厂,削减14000个工作岗位,几乎是钢铁动力预计将带来的工作岗位数量的25倍。通用汽车做出这一决定当然考虑了多重因素,关税肯定位列其中。但关键是,从本质上讲,这场特殊的贸易战开始了,为了有可能增加的600个工作岗位,首先扼杀了1.4万个——各位读者可以算一笔账,看看这笔买卖是否划算。第二天,特朗普在推特上发文说,他"对通用汽车非常失望",并且将"考虑削减所有对通用汽车的补贴"。这个威胁可真够荒谬,因为这种补贴根本不存在。

当然，钢铁关税影响到的远不止钢铁动力和通用汽车这两家公司。美国最大的钉子制造商在密苏里州解雇了 60 名员工。夏季的贸易战让总部位于密尔沃基的哈雷戴维森（Harley-Davidson）不得不将工厂转移至海外，这样才能让在欧洲销售的每辆摩托车的成本减少 2200 美元。所属一家中国母公司的瑞典汽车制造商沃尔沃（Volvo）在南卡罗来纳州里奇维尔开设美国第一家工厂后不久宣布，特朗普的钢铁关税可能迫使该公司放弃其在当地创造 4000 个新工作岗位的承诺。小型企业和供应商也受到了重创。印第安纳州杰斐逊维尔市拥有 180 年历史的草坪护理设备制造商 Brinly-Hardy 的首席执行官简·哈迪告诉《华盛顿邮报》，受关税影响，她被迫解雇了 75 名员工，公司及员工因此"遭受重创"。电视制造商元素电子公司（Element Electronics）关闭了其在南卡罗来纳州温斯伯勒市的工厂，并取消了 126 个工作岗位，原因是"最近美国对从中国进口的许多商品征收了新的关税"。已经有很多大大小小的公司宣布由于关税影响而裁员或关闭工厂，从密歇根州的门锁匠，到北卡罗来纳州的电动自行车设计师，再到佛罗里达群岛的龙虾渔民，越来越多的人取消了投资或扩厂计划，缩短了员工工作时间，甚至减少了工作量。综合所有因素，可以说受到美国关税保护的有 17 万名钢铁工人，但有其他 650 万名依赖钢铁产业的美国工人成了受害者。

虽然无法准确计算出美国因关税而损失或新增的工作岗位的确切数量，但仅通用汽车的数据就清晰表明，损失已经大大超过了所得。根据美国商会预测，特朗普政府 2018 年发起的贸易政策可能最终使美国损失多达 260 万个工作岗位。而具体到钢铁和铝关税方面，各方估算的数据则出现差异：支持自由贸易的全球贸易伙伴咨询公司（Trade Partnership Worldwide）预计关税将造成 47 万个工作岗位消失，而支持贸易保护主义的美国经济政策研究所（Economic Policy Institute）则声称总损失的工作岗位仅为 5000 个。虽然特朗普仍坚持己见，但目前为止，没有任何严肃学术报告或预测能表明关税将带来美国就业岗位的净增加。这就是现代经济，大多数商品和服务的生产方式已经高度融合，很难在不对其他产业产生影响的情况下进行。当美国以"美国优先"的名义打破全球供应链时，就像放了一把野火，火势迅速升级加剧，这种野火会蔓延到之前人们从未预料到的经济领域。美国这样做还将面临的风险是，作为一个经商地，美国将被贴上不可靠且不可预测的标签。

那么，这对于"买美国货"的未来意味着什么？意味着所有人都要重新考虑对"美国货"的定义。如果我们希望用实际行动支持美国的就业环境，就必须认真思考构成现在产品链条中的每个环节。首先可以做的就是去试驾本田奥德赛。其次是我们不能再把经济视为零和博弈，不能理所应当地认为，在博弈中，竞争对手受到经济打击就等于对我们有利。现在要想提高美国工业的利润，已经不仅仅像拒绝英国船只入境或禁止使用中国钢铁一样简单了。

在这一过程中，美国经济的全球化改变了竞争的模式，与他国的竞争仍然存在，但美国的成功也越来越依赖于他国的成功。事实上，这种相互依存的关系也是全球化的主要原因，其背后主要的思想是将全球的财富交织在一起，进一步促进稳定与和平。作为世界第二大商品出口国，美国从其他国家的成功中受益匪浅，世界各地进入全球中产阶级的人数越多，他们从美国购买的商品就越多，越能进一步推动美国的国内就业增长和繁荣。全球贸易的前提思路一直没变，也就是在全球供应链的牵绊下，贸易就像一股不断上升的水流，所有的船只都能随之水涨船高，所有的船都用绳子绑在一起，休戚与共。不管是提升美国汽车质量还是提高性价比，或者仅仅是为市场提供更优质的美国铅笔，事实证明了国与国之间在贸易上的牵绊都大有裨益。

第六章
"香蕉"共和国

你今天早餐吃的什么？麦片？燕麦粥？如果没猜错的话，是不是还在上面放了一些水果？不管是杧果也好，香蕉也罢，你或许早已猜到，全球贸易是和我们习以为常的早餐水果息息相关的。为什么呢？我们先来聊聊美国最重要的水果的历史吧。

当人们听到"香蕉共和国"这个词——很明显不是在聊服装店[1]，可能会联想起独裁者戴着墨镜、身着一套军服，还有混乱的热带岛屿、政治腐败等画面。这个词实际上可以追溯到1904年。那一年，著名的美国作家欧·亨利（O. Henry）出版了《白菜和国王》(*Cabbages and Kings*) ——我从高中就开始阅读他的作品，这本书中有一篇名为《海军上将》的故事，讲述了关于安丘里亚（Anchuria）——一个虚构的中美洲国家，其围绕着单一作物的经济发展。欧·亨利以他在洪都拉斯度过的六个月为原型，将安丘里亚描述为"小型海上香蕉共和国"，后来这个表述有了它自己的含义。

大众对这个词的理解可能有偏差，一个国家不会仅仅因为混乱

---

1. 香蕉共和国（Banana republic）还是美国的一个服装品牌的名称。

动荡或不稳定而被称为"香蕉共和国"。这个词专门指的是那些非常依赖单一出口作物，进而沦落至控制经济作物贸易的私人公司手中，最终由于对作物和耕作工人的严重剥削而导致国家收入极度不平衡的部分国家。这些公司通过向高层企业领导人、政府官员、一般官员等大量行贿来维持自己的权力。受贿的这群人反过来允许公司压榨工人阶级，并利用利润丰厚的经济作物来满足一己私欲。严格意义上讲，这才是一个国家被称为真正的香蕉共和国的原因。欧·亨利在提出这个词的时候想到的是一个非常特殊的公司——联合果品公司（United Fruit Company），也就是几年后被人们熟知的金吉达（Chiquita）。

一个世纪前，联合果品公司就是全球经济阴暗面的代名词。作为最早成功的跨国公司之一，联合果品公司最早可以追溯到一个名叫基思（Minor Keith）的纽约商人。当时，基思家族从哥斯达黎加政府手中拿到了一份工程合同——建造从该国首都圣何塞（San José）穿过险峻的丛林到东部港口城市利蒙（Limón）的铁路。工作条件很残酷，据说参与该项目的700名人员中，很多是基思安排从新奥尔良监狱运出的囚犯，最后修建到利蒙时，只有25人幸存下来。为了节省工人们的就餐费，基思就在沿途播种了香蕉树，后来哥斯达黎加经济崩溃，政府没钱付基思工程款，这条铁路也前途未卜。总统普罗斯佩罗·费尔南德斯·奥雷亚穆诺（Próspero Fernández Oreamuno）提出移交80万英亩哥斯达黎加土地（全部为免税土地）以及99年的铁路经营租约来抵扣工程款，基思同意了。

基思的团队于1890年完成了铁轨的铺设，毫不意外，这条铁路并没有什么乘客光顾，最终沦为闲置品。但基思很快发现自己似乎拥有大量免税的香蕉种植园，并且还有利用空载火车将香蕉运送到海岸的致富机会。基思或许算不上什么好人，但他手里确实握着大量资源。不管是在当时还是现在，基建看起来都没什么吸引力。基思开办了三个独立的公司，专门出口香蕉，最终在加勒比海沿岸扩展了业务。他的商业帝国后来与一家波士顿进口商联手，成了后来的联合果品公司。最后这片 350 万英亩的土地——相当于康涅狄格州的面积——拥有了庞大的广播和铁路网络，并几乎对哥伦比亚、洪都拉斯、牙买加、伯利兹（当时称为"英属洪都拉斯"）和其他许多国家及地区的最重要的商品实行了全面控制，联合果品公司对中美洲和加勒比海地区的政治产生了非凡的影响力。它不仅成为危地马拉最大的地主，经营着那里的国家邮政局，还成为整个中美洲最大的雇主。今天，这一地位由沃尔玛占据着。当地人将联合果品称为"El Pulpo"——这个词不是西班牙语中"纸浆"的意思，而是"章鱼"的意思，是指该公司几乎在该地区的每个角落都有它的触角。每进入一个新市场，联合果品公司都会使用威胁、回扣和贿赂以及各种上不了台面的手段，来控制总统和独裁者，同时无情地剥削工人，所有人都敢怒不敢言。香蕉的最佳客户就是美国。

　　就用了不到几代人的时间，香蕉就成了美国人最熟悉的水果。一开始听说过香蕉的小部分美国人都认为这是一种昂贵的稀奇物种，长在异国土地上的奇异作物。之前，长距离运输大量新鲜水果几乎是不可能的，直到后来联合果品公司掌握了冷藏火车和货运车等工具。与其他水果相比，香蕉更容易受伤，而且需要手工采摘且变质快，这也是运输中需要解决的主要问题。联合果品想出的对策是利用全球供应链，但他们所利用的方式往往毫无人性。大公司不仅控制监督香蕉生产的土地、劳动力、火车、媒体和政府，还组建了一支名副其实的公司旗下的舰队，安全、迅速地将其产品运到美国。好像生怕其中的殖民主义者色彩不够明显似的，这些船只被命名为"大白舰队"[1]。

安德鲁·普雷斯顿（Andrew Preston）的波士顿水果公司与基思的公司合并成了联合果品公司，他认为目前还不为大众所熟知的香蕉有望在美国变成"比苹果更受欢迎"的水果——他说对了。美国各地分布着装满冰块的仓库，水果储存不易变质；公司孜孜不倦地向儿童展开营销，将香蕉打造为健康饮食选择。最关键的是，香蕉一到达美国后价格并不高——这"多亏"了联合果品公司对香蕉生产地的土地和劳工的压榨。美国人能够享用大量便宜水果，但这背后也有着巨大代价。中美洲国家一个又一个沦为香蕉共和国，暴动、政变、流血和经济增长停滞，美国人对于香蕉这种最成功的进口产品的热爱与日俱增。自那时起，美国与许多拉丁美洲国家的关系一直很紧张，并不意外，殖民主义的阴影将会持续多年。

香蕉给美国和拉丁美洲带来的影响截然不同——水是涨起来了，但并非所有船只都能因势抬高，艺术作品中最能体现这一点。在美国，香蕉从1923年广受欢迎的新颖曲调《是的！我们没有香蕉》开始成为轻松流行文化的主题，到哈里·贝拉方特（Harry Belafonte）在1956年对《香蕉船之歌》（Day-O）的演绎，后者源于牙买加联合水果公司的田间种植者偏爱的更为严肃的一应一答式民歌。香蕉皮成为低级喜剧中最有价值的道具，从乔治·格什温（George Gershwin）到格温·史蒂芬妮（Gwen Stefani），音乐家们将香蕉融入流行歌曲中，安迪·沃霍尔（Andy Warhol）为专辑《地下丝绒与妮可》（The Velvet Underground & Nico）制作的香蕉流行艺术印刷作品仍然是最知名的专辑封面。巴西艺人卡门·米兰达（Carmen Miranda）成为20世纪40年代好莱坞最伟大的明星之一，

---

1. 大白舰队是美国海军历史上一支作战舰队的常用昵称。

她最知名的形象是在 1943 年巴斯比·伯克利（Busby Berkeley）的音乐剧《高朋满座》（The Gang's All Here）中戴着一顶香蕉制成的帽子。这一形象在美国文化中大受欢迎，以至于联合果品公司在来年的香蕉帽上采用了卡通版的米兰达作为徽标。半个世纪后，在多次更改所有权后，该公司以纪念这个受米兰达启发的角色，改名为"金吉达"，而金吉达小姐早已深入几代美国人的心。

在香蕉大受欢迎的美国，它已成为主要喜剧象征，但在香蕉种植地的国家，却激发了诸多悲情色彩的创作。在获得诺贝尔文学奖的哥伦比亚作家加西亚·马尔克斯（Gabriel García Márquez）的小说中，讲述了香蕉种植园工人遭到美国一家邪恶的水果公司的屠杀——其出版于 1967 年的小说《百年孤独》（One Hundred Years of Solitude）的重要部分。这一情节是根据真实发生的"香蕉工人大屠杀"（Masacre de las Bananeras）而写，在 1928 年的工人罢工中，数千名联合果品公司的工人在哥伦比亚谢纳加被杀。另一位在南美洲最受尊敬的艺术家——智利诗人巴勃罗·聂鲁达（Pablo Neruda），更是在 1950 年的诗作《联合果品公司》（La United Fruit Co.）中对香蕉业所带来的影响进行了残酷的批判，部分节选如下：

联合果品公司
把最多汁的食物留给自己
我所在的中部沿海地区
是美国的纤细腰部

它给这些国家重新起名
叫作香蕉共和国……
它废除了自由意志

拿出了王冠
鼓动嫉妒
招来了苍蝇专政……

随着嗜血的苍蝇
来到水果公司
堆积的咖啡和水果
就像从我们这片沉没的土地上
掠取的珠宝
堆在超载的托盘上
放入海中的船只里……

…………
堆积成山的尸骨
无名无姓
丢弃的数字
一堆烂掉的水果
扔进垃圾山上

  我分享这个故事不是因为它体现了全球贸易积极的一面（显然不是），而是我们需要意识到贸易有时会造成人类和国家悲剧。了解联合果品公司的发展，不仅能告诉我们香蕉是如何被端上早餐桌的，也会让大家坦诚面对贸易中最黑暗的力量权衡，很多时候其中的权衡恐怖到令人发指，并且会留下久久无法消退的伤害。现在反对全球贸易的一些人是老派的贸易保护主义者，有些是企图煽动暴行的政客，有些是有自己立场的民族主义者，但也有很多是尽职尽责、理性的持不同政见者，他们会借这样的故事说：跨国公司和政府贸易政策勾结在一起时，就会发生这种事情。没错，但远不止这么简单。只有了解了贸易不堪的过去，包括香蕉以及诸如大西洋奴隶贸易之类的故事，美国才可以负责任地为全球经济的未来指明方向。这些故事提醒我们，未来的发展必须尊重人道与尊严，这一点需要牢记。在本书后面的内容中，我们会再详细了解贸易在未来的其他打开方式。

别忘了，对于 96% 购买香蕉的美国家庭来说，他们都是这个故事的一部分。香蕉，这种美国人最喜欢的水果虽然以残酷的方式登上了美利坚大地，但无可否认，一到美国，这种水果便立即与棒球或苹果派一样，成了纯正的美国货。不论是因其营养成分而备受推崇，还是出于对甜点的热爱（这里要感谢一位年轻的药剂师在 1904 年宾夕法尼亚州拉特罗布接受培训时发明了香蕉圣代），香蕉在美国人的生活中已经不可或缺，甚至有研究称，每个美国人平均每年吃掉 27 磅香蕉！真是令人不可思议！早上出门时随手拿一根当早餐；捣碎喂给婴儿；在周末的下午烤香蕉面包；在麦当劳订购草莓香蕉冰沙。我喜欢每次去演讲或讲授贸易课程时带上一根香蕉，不仅仅因为它能清楚地说明进口的影响，而且当我问到会议室里有谁在这周吃过了香蕉时，几乎所有人都举了手。另外，现在还有哪种道具可以以 19 美分的价格随处都能买得到呢？

香蕉在我们日常生活中的作用非常关键。与其他我们已经使用了一个多世纪的产品不同，香蕉，从开始大量进口之时起就是便宜的，并且随着时间的推移成本降低了。根据劳工部的数据，1947 年，美国香蕉的平均价格为每磅 15 美分，相当于今天的 1.7 美元。当然，如果你今天还用 1.7 美元买香蕉，大概率是被坑了——2017 年，一磅香蕉仅售 56 美分，大约是 70 年前的三分之一。别忘了，香蕉并不像计算机或微波炉那样可以通过改进或提高效率来降低价格。如果说一位来自20世纪50年代的美国消费者穿越到现在，走进2018年的乔氏超市（Trader Joe's），可能唯一不会让他们感到震惊的就是单个香蕉仍然只需要19美分。

香蕉的价格之所以能这么多年来如此稳定，主要的原因是：除非你现在碰巧在印度尼西亚的小型水果种植园度假，那么很可能你吃过的所有香蕉都是彼此的精准基因克隆物。50多年来，美国唯一可以买到的香蕉品种就是鲜黄色的香芽蕉（Cavendish）。这种香蕉除了相对容易采摘和包装外，还可以无性繁殖，这点与大多数水果和花果不同……所以它永远都不会改变。也就是说，每个香芽蕉的生长和成熟速度都与其所有前代完全相同，味道也完全相同。并且其生长过程中的可预测性也有助于保持价格低廉。如果读者对此表示怀疑，可能因为你还不知道所有香蕉质量或外观上的差异都是由它的采摘时间和货架放置时间的不同，以及采摘后的其他因素所导致的。所有人都理所应当地认为香蕉就是便宜的，所有商店里都能买到香蕉，这就是美国的真实生活。

那如果事实不是这样呢？香蕉教给我们最重要的一课是，如果贸易政策转变，世界将会变成什么样？如果美国与危地马拉、厄瓜多尔、哥伦比亚、哥斯达黎加或洪都拉斯（以上五国现在几乎包揽了美国进口的所有香蕉）的贸易关系恶化，那么美国人的日常生活可能会突然少了那么点滋味。只要一个或多个中美洲或南美洲的领导人声明说美国正在剥削自己的国家，美国人很可能就没有香蕉吃了。顺便说一句，这正是特朗普时不时对其他国家征税时常用的话术。如果美国和哥伦比亚陷入贸易争端，开始对彼此的主要出口产品征收关税，直接影响是进口到美国的香蕉数量减少。供应减少，价格会随之上涨。在贸易战的影响下，对香蕉的需求增加将推高成本。许多美国人可能不会马上注意到,但当19美分的乔氏超市的香蕉价格越来越接近1美元时,一些家庭便会开始选择更便宜的替代品。

这之后,香蕉的可靠库存不断减少,价格持续上涨,香蕉也将逐渐从生活中不起眼的、随处可见的日常水果降级为特色水果,也就是现在木瓜和猕猴桃的那一级。低收入家庭最终将不会把香蕉作为日常水果,其他香蕉出口国大概会认为还是将业务转移到其他国家更有意义,比如转移到其他经商环境更为友好的国家,例如加拿大。金吉达将被迫宣布其在北卡罗来纳州夏洛特的总部的裁员行动,影响到两万名员工的生计(你看,进口确实创造了就业机会)。金吉达的主要竞争对手——加利福尼亚的都乐食品公司(Dole Food Company)也将遭受重创。不用多久,供应不足,人们不得不对饮食进行调整时,香蕉,这种曾经美国最受欢迎的水果便会重新成为一种奢侈品。不会再有与香蕉有关的歌曲,没有了香蕉圣代或香蕉冰沙,学校午餐里也不见了香蕉的踪影。各位读者,这就是香蕉单价达到10美元之后的生活。

以上这些听起来就像是科幻小说,但实际上类似故事、不同主角的版本正在上演。香蕉的早餐伴侣——橙子,在过去一个多世纪以来一直是美国的标志性出口商品,但其实橙子和香蕉一样,并不是美国的本土水果。据说克里斯托弗·哥伦布(Christopher Columbus)于1493年(不是1492年,他已经回来了)将第一颗橙子种子带到了北美。但今天,佛罗里达州最具标志性的农作物的前景却令人担忧。一种柑橘病从2005年开始席卷美国,患病的橙子表皮变绿,完全无法食用。随后的10年中,佛罗里达州种植者的产量下降了一半以上。由于美国橙子的供应量突然受限,佛罗里达橙汁的价格大幅上涨,从每加仑4.5美元左右上涨至6.71美元。从21世纪初开始,橙子的产量直线下降,价格暴涨,疾病和自然灾害导致佛罗里达州的农作物减产。2017年,仅飓风艾尔玛就摧毁了佛罗里达州一半的橙子供应。佛罗里达州曾经引以为傲的橙子现在的发展走向遵循的正是我们想象中的10美元香蕉的剧本。

但这并不等于橙子在美国就失宠了。巴西填补了橙子市场的空白,跃居全球最大的橙子生产国和最热门的出口国。实际上,巴西的公司从美国橙子产业的衰落中受益匪浅,他们甚至购买了所有佛罗里达州主要橙汁公司的大量股份,以占领美国橙汁市场。美国最大的两家橙子公司,百事可乐旗下的纯果乐(Tropicana)和可口可乐旗下的美汁源(Minute Maid),都已将果汁业务和加工厂出售给了巴西的公司。越来越多的所谓"佛罗里达橙汁"根本不是来自佛罗里达州,而是巴西,很多公司也在悄悄地把"佛罗里达橙汁"的标签撕下来。100%佛罗里达州产的橙汁的价格在向美国国内销售时价格是每箱6或7美元,于是公司非常狡猾地把店里售卖的果汁包装缩小了,大家一般在商店里买到的橙汁比之前都少了7盎司[1]左右。用于出口的佛罗里达橙子基本濒临灭绝,美国政府于2018年发动的与中国、加拿大和欧洲的贸易战,也把一些最可靠的合作伙伴一步步推向了巴西橙子产业的怀抱。2010—2011年度,美国出口了多达15.1万吨的橙汁,相当于约3.35亿个八盎司玻璃杯,几乎是所有美国人人手一杯。但2017—2018年的收成中,这一数字减少到不到三分之一——估计为4.5万吨。

严格意义上说,导致佛罗里达橙子产量缩减的并不是贸易政策,但这一昔日风光无限的产业日益没落的命运却能让我们看到一个贸易壁垒重重的世界是什么样子的。如果说因为贸易争端、配额

---

1. 重量单位、容量单位,一盎司约等于28.35克,约等于29.57毫升。

或贸易战等问题导致美国无法进口巴西橙子，并且佛罗里达橙子产业继续一蹶不振，那么一个橙子售价 10 美元，或者完全买不到橙子的生活，距离我们也就不远了。如果美国继续向着贸易保护主义倒车——就像在特朗普领导下的那样，那么，突然价格飞涨，或者彻底从人们生活中消失的，可不仅仅是橙子这种美国曾经最具有代表性的水果了，还会有更多生活中已经司空见惯的大批产品。即使是依赖进口，但看上去完全是美国货的商品，也将会有同样的命运。我们在前面已经讨论过，如果没有进口零件，美国国内汽车生产将无法正常进行；笔记本电脑和手机也是，或许根本下不了生产线；还想买到电视、男装衬衫、芭比娃娃或美国国旗？祝你好运吧！这些商品几乎全都是从海外进口而来的。嘉宝（Gerber）的婴儿食品、罗林斯（Rawlings）的棒球、匡威（Converse）的鞋、芬德（Fender）的 Stratocasters 吉他，甚至李维斯（Levi's）的牛仔裤，全都是在其他国家制造的标志性"美国"产品。在贸易壁垒重重的世界中，这些商品要么完全消失，要么就是以美国制造版本，标着天价，零星地摆在商店中出售。

进口永远是个敏感话题，现在美国还没有过针对进口的全国性讨论。政客不愿提及进口，民众早已被洗脑，热爱外国货从原则上就是不美国的（除非你是全球精英人士那就另当别论）。大家都知道廉价的进口商品抢走了美国的工作，影响了美国制造的产品，这是常识吧？所以政客们在谈到贸易的优点时，只字不提进口商品的优势：25 美分的香蕉、全年都买得到的西红柿、廉价服装、玩具、电子产品等，只是把重点放在贸易等式中更受欢迎的另一边，也就是让人们自动联系到美国就业问题的出口上。相信我，我懂这一点，我曾在美国出口的主要机构之一担任了八年的主要负责人和决策制定者的角色，我是最乐意讲这些故事了。但大家忽略的是进口是如何通过降低价格和抑制通货膨胀来改善人们的生活，长此以往，公众对进口的厌恨情绪只会愈加根深蒂固。

最近针对贸易的民意调查可以证实这一点。与税收、移民或当今其他主要话题的民意测验相比，人们对贸易的态度往往摇摆不定。为什么会这样？我猜测是因为人们总体上对贸易的了解较少，更容易受到眼下的辩论及当时人们对白宫的态度影响。布鲁斯·斯托克斯曾在皮尤研究中心（Pew Research Center）工作，他跟踪记录了人们对贸易的态度。在他的调查问卷中，第一个问题是要求人们完成以下句子："与其他国家的贸易相比，美国＿＿＿"，后面填"好"或者是"坏"。在2018年春季的调查结果中，美国人选择好和坏的比率为74%比21%，选择"好"的人比四年前增长了13个百分点。盖洛普的调查结果也类似，在2016年大选后，共和党人和民主党人都对贸易越来越感兴趣。没错，贸易在美国似乎越来越受欢迎！但如果仔细观察人们的回答就会发现，人们对贸易对生活的具体影响仍然持相当怀疑的态度。

当被问及贸易对美国就业的影响时，皮尤调查中仅有高于三分之一的受访者回答贸易"创造了"就业岗位，另外三分之一的人认为贸易"破坏了"就业市场，还有四分之一的人选择了"没什么影响"。考虑到国内看待贸易问题的风向，大多数人没有选择"创造了"就业岗位这一选项也在意料之中。我猜选择贸易对就业"没什么影响"的人当中可能还包括大部分的经济学家！当被问及贸易对工资的影响时，我们也得到了类似的结果：31%的美国人表示贸易提高了工资，31%的人表示贸易让工资水平下降，30%的人表示完全没有影响——这和上一个问题的答案分布几乎完全一样！但这两个问题的特别之处在于自2014年以来公众对贸易的看法的变化。各位读者可能还记得，2014年的总统竞选中，唐纳德·特朗普、希拉里·克林顿和伯尼·桑德斯都强烈反对当今的主要贸易问题：跨太平洋伙伴关系。2014年，一半的美国人说"贸易破坏了就业市场"，而只有20%的人说"贸易带来了工作岗位"——仅仅四年后，持双边看法的人就各占了一半。人们看待贸易对工资的影响的态度变化也是一样的，2014年，认为贸易使工资下降的美国人是持反对意见的人数的三倍，四年后，两派人数已经平均了。

美国人在贸易对就业和工资的影响这一问题上的态度模糊，这不足为奇。大家都知道出口行业的工资实际上要高于其他行业，但大家对贸易对就业和工资的看法其实取决于具体个人是否享受到利益，这也无可厚非，但进口对价格的影响是摆在明面上的。不管是什么样的经济学家，不管在贸易问题上持何种立场，所有人都承认进口确实降低了食品、衣物、生活用品和其他商品的成本这一事实。布鲁斯·斯托克斯的调查中最有趣的一个发现是，在问及贸易是降低还是提高商品价格时：受访者中有超过三分之一的人说是降低了价格（回答正确！），而另外三分之一的人则认为贸易抬升了价格。"贸易确实使物价降低了"这一观点并没有深入民众的认知中，而这仅仅是因为没有哪位政客愿意替外国商品说好话。不仅是美国，皮尤在27个国家及地区进行了同样的调研，只有以色列和瑞典有一半以上的受访者表示相信贸易会降低物价。这说明扭转公众认识还是有希望的，即使能正确回答这个问题的美国人数量很少。但除了以上两个国家，至少美国还是领先于其他国家的。看来，不管是哪个国家，都少有政客愿意解释为什么买香蕉只需要花19美分而不是10美元。看来对外国商品存有仇外心理，原来是全球统一的，可真是讽刺。

事实上，大家永远不可能生活在香蕉卖10美元的世界中。无论特朗普如何美化自己所谓的"关税人"的角色，他对贸易保护主义的承诺无疑与现代美国的主流观点背道而驰，根本没有其他的"关税男"或者"关税女"愿意追随他。即使有的话，认为关税对经济会造成伤害的美国人也是持不同意见的人的两倍。皮尤认为，在政客们最想要讨好的独立选民中，反对和支持关税的比率为56%比16%。换句话说：选民现在知道关税实际上是加在自己身上的税。除了乳制品或钢铁这种个例外，与美国保护主义的斗争早就开始了，关税大势已去，便宜的进口货物得以幸存下来。

但不能说因为我们永远不会遇到10美元的香蕉就不把它放在心上。正是因为我们能买到廉价进口商品，所以在考虑贸易以及做出相关决策的时候就要把它们考虑在内。我们每天吃的食物、穿的衣服还有日用品的价格，都对我们的生活质量带来了不可估量的影响，更不用说香蕉、iPhone等这些多亏了贸易我们才能享受得到的商品对美国的文化有多重要。当所购买商品的成本下降时，大家一般都注意不到，除了那些精明、头脑灵活的购物者。人们把汽油价格贴在广告牌一样的标牌上，每上涨10美分大家就叹气，每一次小幅下调大家都热烈庆祝。大家都以为政客们影响了油价，实际上这群人与价格波动毫不相关。但消费者似乎从来没有将同样的注意力放在其他商品上，即使这非常有必要。

大家想一下，1900年，美国家庭收入的57%用于购买衣服和食物。到1950年，也就是西方经济开始融合的几年后，这一比例已下降到42%。进入21世纪后的几年里，这个数字下降到只有17%。为什么呢？其中可能有多重因素，自动化的兴起也是其中之一。但是像第一波的贸易协定——比如《北美自由贸易协定》，世界大多数国家取消关税等，都是背后的原因。别误会，衣食成本的下降不仅仅是全球贸易的"好处"，更是一场真正的革命。在美国仍然为停滞不涨的工资、高昂的医疗费用、住房危机以及极端的收入不均而苦苦挣扎时，再想象一下，如果没有进口，生活将有多糟糕。没有廉价的水果和蔬菜、T恤、棒球手套、背包，以及其他低价的日常用品，工薪阶层还能有什么活路？虽说出口占据了政客们与贸易相关的大部分注意力，但那些零碎细小的进口商品，从香蕉到我们刚才提到的所有日常用品，才是真正让今天的美国成为美国的原因。

第七章

苹果与赤字

我们聊过了西红柿、柠檬和香蕉，照这样下去，这本书可以把超市里蔬果货架上的东西都聊个遍。接下来要出场的大概非苹果莫属了，从概率来说，你现在身边几米之内就有一个苹果的可能性是50%。不信？低头看看你的口袋。对，既然柠檬可以指车，那么苹果也可以指代手机，准确来说，苹果手机——iPhone。乔布斯当时偶尔会在俄勒冈州麦克明维尔附近的苹果园工作，就在那时他遇见史蒂夫·沃兹尼亚克（Steve Wozniak），两人决定共同建立苹果公司。乔布斯甚至为公司设计了一个早期的商标，上面就是艾萨克·牛顿爵士和那个著名的、受到地球引力而准备掉下来砸到他脑袋的苹果。苹果公司的iPhone是展示贸易如何帮忙传播技术、促进创新，以及大范围地降低人类进步的成本并提高发展效率的最佳范例。

我建议大家用一分钟的时间来认真思考一下自己的手机，不是盯着屏幕看，而是要赞赏它所代表的一切。现代智能手机是一台能满足人类需求和欲望的独立设备，是这个宇宙中从未有过的新鲜事物。现代人的生活与手机的结合如此紧密，所以人们常常把这种智能设备的存在当成理所当然，但还是值得花点时间退后一步，看看我们在聊手机时，真正聊的是什么。在我撰写本书时，外套口袋中躺着一个 3 英寸 ×6 英寸[1]的长方体，让我能够即时获取迄今为止的全部人类知识。甚至各位读者还没读完这句话，我就已经用手机通过文本、语音或视频的方式与世界另一端的朋友联系起来。它还可以作为最先进的相机和摄影工作室，包含一个完整的交互式世界地图，可以容纳成千上万首我最喜欢的歌曲，甚至包括百老汇的演出曲目！我还可以用它观看塞内加尔的现场足球比赛。如果我用手机指向夜空，它可以告诉我正在看的是哪个星座。我可以用它点一份美味的蒸饺，买一双新鞋，还能让一个陌生人即刻上门，开车带我去任何我想去的地方。它还能当成手电筒用！这样的设备零售价大约为 999 美元——大概是一张在百老汇看《斯普林斯汀》(*Springsteen*) 的票价，车上一块新挡泥板或在克利夫兰中档酒店住五晚的价格。

我想说的是：智能手机不仅仅是一种产品，而是人类目前为止发明的顶峰。在推出不到 10 年的时间里，智能手机已经改变了美国人获取知识、娱乐放松、记录健康状况、约会、与亲朋好友交流以及理财的方式。有了智能手机，我们能够与世界互联，又或者与世隔绝，达到令人惊叹到恐惧的效果。手机已经成了政客与民众之间沟通的主要工具，虽然看起来不起眼，但一个小小的手机要到达我们手中，需要来自六大洲的人们的想法、资源和劳动。是的，没错，iPhone 的故事是通过贸易实现的。我们口袋里的这些小长方体是一个奇迹，有时也可能是一种威胁。但如果没有自由流动的全球化经济，这一切就无法存在。

---

1. 一英寸等于 2.54 厘米。

故事开始于 2004 年的加利福尼亚，这一年，史蒂夫·乔布斯首次让苹果公司进军手机市场。当时的手机市场虽然蓬勃发展，但仍然无法避免设计缺陷和让消费者头痛的一些小毛病。我曾有一部早期的苹果手机，和鞋盒差不多大，重量上比鞋盒也轻不了多少！苹果公司的计划是非常有野心的：他们想推出一种可以同时用作电话、计算机、照相机和 iPod（苹果公司于 2001 年首次发行的广受欢迎的音乐设备）的产品，能够将所有的功能都装载到具有触摸屏和 Wi-Fi 连接功能的轻巧的机身中，而且价格还能吸引大众消费者。这样的产品并没有明确的发展路线图，甚至在最奇幻的科幻作品中也没有过类似的幻想。在这样大胆的提议面前，苹果公司的智囊团都不确定该如何推进。最开始的时候，乔布斯将其员工分成两个独立的团队：一个团队负责创造一个可以进行通话的 iPod，另一个负责将 Mac 电脑缩小到手机的大小。最后，由于 iPod 独特的滚轮界面应用在手机上之后，会让人想起古老的转盘拨号时代，使用效果不佳，所以负责缩小 Mac 的团队赢了。

要制造这么复杂的产品，仅在加利福尼亚或其他任何某个地方是完不成的。虽然大多数人都以为 iPhone 是美国设计、中国组装，然后再穿越整个太平洋运回美国的，但实际情况要复杂得多。从一开始，苹果就依赖于人类历史上最复杂的全球价值链之一来兑现 iPhone 的承诺。2013 年，摄影记者大卫·巴雷达与《外交政策》的编辑大卫·沃泰姆（David Wertime）合作，绘制出了 iPhone 在全球的生产路线，为此他们找到了分布在数十个国家（包括澳大利亚、菲律宾、以色列、法国和巴西）的 748 个 iPhone 供应商。那个能够让手机屏幕一翻转就从水平到垂直的陀螺仪旋转器呢？它来自意法半导体（STMicroelectronics），这家总部位于瑞士日内瓦的公司，在意大利和法国设有制造厂。手机上能识别和分析用户运动的芯片，比如用于健身追踪器应用程序，或用于在设备闲置时节省电量的技术？这是荷兰一家半导体制造商的心血，名为NXP。和纸一样薄、耐光、防刮擦的能做成接近完美触摸屏的玻璃呢？来自康宁公司（Corning），这家内战前成立的公司位于纽约州西部一个有着11000人口的小镇。如果没有一种叫作"钽"的稀土元素，我们的手机根本无法工作，钽能够承受极高电荷，是智能手机、平板电脑和其他现代设备中的微型电路板充电的必要组件。钽来自一种叫作钶钽铁矿的稀有黑色矿物，是由卢旺达和刚果民主共和国的矿工在残酷的条件下手工提取的。近年来，苹果公司和其他公司正面临着越来越多的审查，确保所采购的钶钽铁矿的矿山符合基本人权的规定。虽然钶钽铁矿在开采方面仍有改进的空间，但它也证明了贸易中的道德和经济之间的复杂关系。

众所周知，贸易通过影响供求关系，让很多产品变得价格更低、质量更好、更具创新性、更容易买到。贸易能让衣服更便宜、汽车部件更耐用，能让美国消费者在冬天也吃得上蓝莓，但它对智能手机和其他小东西的影响远不止于此。通过整合不同国家的技术和资源，贸易才能让这些产品的问世成为可能。美国的音频芯片、韩国的电池、刚果的矿物、日本的相机、德国的加速度计……iPhone可能是人类历史上最全球化的产品。随着贸易在日益开放和便捷的大道上不断前进，iPhone也让人们了解了未来的产品开发过程。从很多角度来看，全球经济仍处于起步阶段，在这个全球化的世界中，世界各地的人们团结起来，探索未来发展的旅程才刚刚开始。当来自几十个国家的成千上万的人为共同的目标做出自己特有的贡献，特别是在新兴技术方面的贡献时，我们究竟能创造出什么样的奇迹，谁也说不清楚。

专栏作家托马斯·弗里德曼（Tom Friedman）在他的全球化著

作《雷克萨斯和橄榄树》(*The Lexus and the Olive Tree*)中阐述了自己几年前在《纽约时报》上首次提出的理论。这一理论被称为"金拱门理论",用弗里德曼自己的话说:"如果两国都有麦当劳门店,那么自麦当劳入驻开始,两国之间就会停止战争。"但结果正如老话所说,好景不长有。《雷克萨斯和橄榄树》于1999年4月出版,在此几周前,热爱"开心乐园餐"[1]的北约国家开始了对南联盟的空袭,炸毁了贝尔格莱德的几家麦当劳餐厅,也击碎了弗里德曼的名言。在这之前及之后发生的几次冲突,让人们对弗里德曼的名言的真实性产生了怀疑。比如1989年美国入侵巴拿马,推翻了总统曼努埃尔·诺列加(Manuel Noriega),还有2006年以色列和黎巴嫩之间的战争,在这些冲突中,各方都是"巨无霸"[2]。

弗里德曼最终更新了理论,用得克萨斯的戴尔公司取代了他理论中的麦当劳。事实证明,要真正保持和平,只保证两国的汉堡口味一致是不够的,还需要两国在经济上的联系更紧密。具体来说,"戴尔理论"是指:"只要两国同时处于大公司的全球供应链中,例如戴尔,那么在此状态下就不会发生战争。"也就是说,真正将各国凝聚在一起的并不是获得全球资本主义的产出(如快餐店、沃尔玛等),而是贡献一部分投入……也被称为"有所行动"。如果你所在国家的经济中有相当大一部分是与其他国家工人的成功关联在一起的,这种关联性将迫使政府在行动之前三思而后行,这里的行动可以是指发动战争或其他惹怒对方的行径,其中牵扯的利益相关方太多了。中美两国的经济就被供应链绑在一起,虽然近来贸易争端仍然存在,但相互牵连的利益关系却避免了冲突继续升级。例如,

---

1. Happy Meal,麦当劳的一款套餐。
2. Big Macs,麦当劳的一款产品。

以中美关系与美国和土耳其的关系比较，美土两国在供应链、旅游业、年轻人在对方国家学习的人数等方面而言，联系没有与中国这么紧密，因此美土两国关系也更为脆弱。全球价值链能保证国与国之间的双边关系不脱轨，但对于发展中国家而言，这也导致了他们对大型外国公司的高依赖度，最后可能会带来剥削。

弗里德曼的戴尔理论长期来看是否能应验？没人知道。毕竟维护国际安全的不仅仅是简单的经济学。但随着像 iPhone 这样的产品不断进入人们的生活，是时候考虑一下庞大的全球供应链将对我们与世界其他地区人们之间的关系产生什么影响了。这是一把双刃剑：一方面，将本国经济与他国融合在一起，有可能推动两国友好关系的发展；另一方面，我们可能会容许对方那些我们原本无法容忍的不良行径。纵观美国历史，如果对方不遵守规则，但该国恰好是与美国有经济联系的国家时，美国所采取的行动就会出现明显的差异。究竟这样做的负面影响是否盖过了全球供应链带来的积极成果——战争减少、加强经济合作国家之间的开放和理解等，很难说。但是，当我们从整体考虑 iPhone 或者贸易可能带来的长期影响时，应全面考虑利弊。

赤字困境

iPhone 能教给我们的不只有关贸易，还有双边贸易赤字。我们在第三章中已经讨论了有关贸易赤字的一些谣言，你可能还有印象。双边贸易赤字对贸易关系健康与否的影响程度就和贸易赤字对天气的影响程度是一样的（都没什么关系）。我们来快速回顾一下，两国间的贸易平衡衡量的是从 A 国向 B 国（以及反向从 B 国到 A 国）

销售的商品和服务的价值。当一国在贸易中的购买多于销售时，该国与对方相比就存在双边贸易赤字。举一个简单的具体例子：我和我的理发师奥默之间就存在贸易赤字，因为我多次向他购买理发服务，但他却从未向我购买过任何东西，并且交易双方都对以上贸易没有异议！但赤字并不能表明双方任何的财务状况。同理，2018年美国与中国的3780亿美元贸易赤字也不证明美国经济实力的强弱。

抛开理发师的例子不说，贸易赤字之所以不能成为可靠的衡量经济健康与否的指标，还有诸多原因。很多超出简单进出口统计范围之外的因素也会有所影响。例如，当美元升值或贬值时，美国的贸易差就会随之波动：美元升值会让美国的出口货更贵，外国进口货更便宜。因此，即使在美国进口海外商品数量没有变化的前提下，当美元升值时，美国能进口更多、出口更少，同时贸易赤字看上去"更糟糕"。这是一件坏事吗？实际上，汇率、通货膨胀或某国民众的储蓄投资上的任何变化都会对贸易盈余和赤字产生影响。所以，与中国的3780亿美元的贸易逆差不仅并不能说明美国的经济实力就是落后的——并且这个数字也并不准确，如果以此为依据而制定决策的话，大概率是不会特别明智的。

iPhone的旅程证明了贸易赤字的又一弊端，也是贸易政策话题中的一个笑点。虽然iPhone是在美国发明和设计的，由中非的矿产提供动力，欧洲和亚洲的技术使之更为便捷好用，但iPhone仍被归类为100%中国出口商品。在计算美国的贸易赤字时，即使每一百个iPhone供应商中有99个都位于圣路易斯市中心，也不会带来什么实质影响，哪个国家最后让产品实现了"实质性转变"，哪个国家才算是最后的功臣。而绝大多数iPhone的最终组装都是在中国完成的，所有这些瑞士陀螺仪、荷兰运动芯片、日本视网膜显示器和美国玻璃的价值都"贡献"给了中国经济。这样算之所以有如此大的误导性是因为，iPhone 的组装主要由全球最大的电子产品制造商——中国台湾公司富士康负责的，而组装成本估计仅占每部手机制造成本的 3%至 6%，具体到每台 iPhone X 上是 8 至 20 美元。

特朗普等人拿着美国与中国之间的巨额贸易赤字大做文章，说这是美国经济疲软的根源。我们之前已经详细讲过为什么这个观点站不住脚，但值得一提的是，特朗普的理论基础似乎是：与中国 3780 亿美元的贸易赤字相当于美国每年直接给中国 3780 亿美元。这可不是我自己的猜测，之前他就在推特上提到中美的双边贸易赤字：“每年……中国都从美国身上赚了将近三千亿美元。”他后来又挑起了这个话题，这就等于说当地的加油站"从我们身上赚走了 20 美元"，完全不考虑加油站还给你的车加了 20 美元的油的事实。

当你更深入地了解 iPhone（连 iPhone 中新加坡制造的壳也包括在内）之后，特朗普的观点就变得更荒谬了。iPhone 的价格可能会因其型号、内存和功能而异，但我们假设一部典型 iPhone 的零售价约为 999 美元。据估计，2017 年在美国售出的 iPhone 超过 6900 万部。由于计算贸易赤字中进口价值采用的是工厂成本而非零售价格，因此它假设 iPhone 在美国与中国的贸易赤字中占了约 160 亿美元——因为这是苹果公司的内部数据，我们无法得到确切数字，但根据每年出售的所有手机的实际平均价格，实际数字可能会更高或更低。我们所知道的是，这一数额肯定在百亿美元左右，在中国对美国的出口中，所有这些都被计入了美国对中国的 3780 亿美元的赤字。

当然，别忘了：每当有一位美国客户购买 999 美元的 iPhone 时，这些钱不会直接流入中国的腰包。根据全球信息提供商英国简氏集团（IHS Markit）估计，每售出一部 iPhone X，其中 110 美元会给到制造 iPhone 显示屏的韩国企业三星集团（有趣的是，作为 Galaxy

系列的生产商，它恰好也是苹果在智能手机领域的主要竞争对手）；44.45 美元会到 iPhone 的存储芯片供应商：日本的东芝和韩国的 SK 海力士。那提供了劳动力和零部件的中国呢？只收到 8.46 美元。另外，新加坡、巴西、意大利、纽约康宁会各自分走一点，剩下的绝大部分都在加利福尼亚州库比蒂诺的苹果公园。iPhone 可能被归为中国进口品，但大部分美国人花在 iPhone 上的钱并没有走出国门。所以说，美国与中国的贸易逆差是被人为地严重夸大了，而这只是因为中国恰好是产品在全球供应链中的最后一站。

友敌

许多人都把中国视为美国贸易上的敌人，但在了解到 iPhone 等故事之后，大家会惊讶地发现，中国实际上是一个默默无闻的盟友。特朗普一直呼吁苹果公司把 iPhone 所有的生产流程都留在美国，他曾于 2019 年 1 月在白宫玫瑰园中对记者说："别忘了，苹果可是在中国生产的。我跟我的朋友蒂姆·库克（Tim Cook）说：'我很欣赏你，但请把 iPhone 的生产流程都留在美国吧。建造一些又大又雄伟的绵延数英里的工厂吧！就在美国建。'"当然，这确实是人们想从美国政客的口中听到的话，在美国建造更多的工厂意味着会有更多的工作。莫非特朗普对苹果公司将生产线转移回美国国内有特殊的用意？能让 iPhone 更安全？《纽约时报》在 2018 年 10 月的报道中说，特朗普自己的助手一再警告他，中国情报人员经常窃听他的私人 iPhone 通话。特朗普本人否认了这一新闻的真实性，在他对《纽约时报》的报道表示不满之后，中国外交部发言人对特朗普建议："如果很担心苹果手机被窃听，可以改用华为手机的。"

实际上，苹果公司也确实考虑过在美国生产其产品。2012年，特朗普总统的好朋友蒂姆·库克曾宣布，苹果公司将在得克萨斯州奥斯汀生产一系列Mac Pro电脑。这似乎应该是美国电子制造业的转折点，但后来苹果意识到美国供应商并不能提供足够的组装电脑所需的微型定制螺丝，整个计划就此搁浅。由于螺丝短缺，苹果后来必须从中国订购零件，导致第一批得克萨斯州制造的Mac电脑的测试和销售计划被推迟了几个月，相当于在"纯美国制造电脑"梦想上浇了一盆冷水。

事实是，即使美国确实能供应小螺丝，苹果也不可能将所有的组装生产线转移到美国——只要它还想让iPhone作为一种民众能买得起的日常用品，这种假设就无法成立。这是因为就特定产品而言，中国并没有"敲诈美国"。中国正在做的就是与美国及全球一道，共同分担制造iPhone的成本，并帮助各地的消费者降低价格。中国所得到的承担这部分成本的回报，不过是廉价流水线上的就业机会，还有上文提到的每台手机8.46美元的收入。销售iPhone的大部分利润是直接流回美国的，所以如果苹果公司坚持将组装业务转移回美国国内，最终能收获的利益不会如此可观。当然，每台手机8.46美元的劳务确实可以用来雇用美国工人，但由于美国劳动力的工资水平比中国高得多，所以同样的预算能聘用到的美国工人数量要比中国的少。如果要雇用足够的美国工人来维持正常生产，苹果将不得不提高iPhone的成本……反过来说，如果iPhone价格上涨，消费者将选择其他便宜的替代品，iPhone销量会随之下降，苹果公司收入也会降低，有可能无力负担美国的劳动力开支。此外，其实美国现在根本就没有现代化的、发达的电子制造业基础设施。虽然之前有过，但早在数十年前我们就把整个电子组装行业转移到亚洲了，要让美国从头开始再振兴这一产业将需要大量的投资和时间。

总之，考虑到人工成本，以及目前大部分电子元件均为亚洲制造的事实，中国敏捷高效的工厂再加上庞大的工程师队伍，估计在美国生产一台 iPhone 的成本会高达 73 美元——基本上是在中国生产所需成本 8 美元的 9 倍多。所以说让苹果仅在美国生产 iPhone 这件事根本行不通。

将 iPhone 和其他技术制造工作转移到美国的另一个障碍是制造商，也就是说，并不是苹果公司持反对意见，而是真正要负责生产工作的制造商们不同意。威斯康星州亲眼见证了吸引电子制造商们落地美国要满足多少条件，最终效果并不理想。2017 年，特朗普和当时的州长斯科特·沃克（Scott Walker）试着说服富士康在这里建厂。对，就是那个组装了大部分 iPhone 的富士康公司。这家中国台湾公司当然不愿意，一家大型电子制造公司，没理由在一个相对高薪、相对劳动力友好型的国家建厂，而且这里还离他们所需的大部分零件生产地相隔半个地球。但沃克决心不惜一切代价实现这一目标，他使出浑身解数，向富士康提供了前所未有的财政优惠大礼包和其他激励政策，最终还是将富士康吸引到了威斯康星州建厂。

2017 年 7 月，沃克与特朗普一道在白宫宣布了这项交易，并于同年 9 月签署了数十亿美元的一揽子激励计划法令，富士康也由此成为美国历史上受益于国家补贴最多的外国企业。在新工厂动工仪式上，特朗普专门来到拉辛县，与沃克和当时的众议院议长兼地方议员保罗·瑞安共同参加。这个耗资 100 亿美元的平板显示器工厂，覆盖面积预计将超过 10 个足球场。你大概也会想，现在就庆祝是不是有点早？特朗普说："坦率地讲，富士康本来是不打算来美国的。"他在动工仪式上对富士康的描述很准确："我不想这么说，但如果我没当选的话，它根本不会出现在这片土地上。"沃克后来也在推特上庆祝说："富士康会为威斯康星州带来一万三千个高科技工作岗位，这在美国史上是前所未有的！"一家具备顶尖技术的工厂，成千上万个美国制造业新岗位，怎么看都不会有问题吧？

事实证明，问题不少。沃克极度慷慨地给出税收减免、信贷、退税、房产扣减税、补助金和其他国家补贴，等于是让威斯康星州的纳税人背上了高达48亿美元的欠债，就为了促成这项交易。对于制造业公司来说，该州的税收政策已经非常优惠了——不对制造业的利润征税。所以，说服富士康落脚，就需要更多努力，威斯康星州不得不付出代价：连续15年，每年都向富士康支付两亿美元的支票。人们希望富士康能够为威斯康星州东南部创造约3000个就业岗位，并希望在未来某个时候"有可能增长"到1.3万个。但是，即使说我们对于新增工作岗位这件事已经胸有成竹，但投入48亿美元，保住1.3万个新岗位，这意味着威斯康星州还是为每个岗位投入了近37万美元。威斯康星州的立法财政局是负责代表州立法机构分析发展规划的无党派机构，他们认为纳税人至少要到2042年才能看到州长这笔投资的回报，也就是交易达成后的整整四分之一个世纪之后。为了给富士康腾地，威斯康星州政府利用（也有很多人说是滥用）政府征收，迫使数十位房主出售自己的房屋和农场。对于像乔·雅纳切克这样的居民来说，他已经在拉辛县的家中生活了将近30年；富士康到来时，金和詹姆斯·马奥尼刚刚建起自己梦想中的房子，政府的征收对于他们来说就像是一场噩梦。

纳税人的负担之重前所未有，居民的私人财产被征收，保护密歇根湖的空气污染法和保护法规在这一项目中也被规避——州长沃克特别许可富士康公司每天可以从五大湖区吸水700万加仑，而这种行为违反了八位州长在2008年所签署的协定。简而言之，威斯康星州在富士康这家公司上下了太多赌注。

当然了，能为美国中部带来制造业的工作岗位是一件好事，对政客来说简直就像猫薄荷一样诱人。但就富士康这笔买卖来看，事情没那么简单。2018年夏天，富士康项目破土动工的那天，该地区的失业率只是微不足道的3%。拉辛县苦苦挣扎的原因不是没有工作，而是工资水平多年来没起色。如果这1.3万个工厂职位真能兑现，钱能否真正落到当地工人的口袋还是一个未知数。还有一个问题就是自动化，它在包括电子制造业在内的很多行业已经相当普遍了，像富士康在亚洲的许多工厂。新岗位能存活多久？更不用提像富士康这样的公司所做出的承诺之前就常常打水漂。2013年，富士康宣布计划在宾夕法尼亚州中部建设一座造价3000万美元的技术工厂，并雇用500名当地工人。剪彩也剪了，规划也做了，当地房地产价格也跟着涨起来了，但项目呢？消失得无影无踪了。

你可能已经猜到了结局，2018年11月，沃克州长因悬而未决的富士康问题，以一个百分点的差距输掉了第三个任期的竞选。两个月后，富士康宣布未能完成2018年的就业目标，该公司之前承诺要在2018年年底之前雇用1040名当地工人，但只兑现了178个岗位。如果该项目按计划进行，还是能够申请到数十亿美元的发展激励资金的，但富士康公司通知威斯康星州经济发展公司，他们"已经调整了他们的招聘和雇用计划"。2019年1月30日，富士康的发言人透露，公司正在重新考虑在威斯康星州建造制造工厂的计划，最终可能利用这片区域修建研究中心，而非之前承诺的装配厂。这位发言人提到用美国劳动力制造高科技显示屏的成本相对较高，他表示，"就电视机行业来说，我们在美国并没有竞争优势"，并释放出了以下坏消息："我们并非在威斯康星州建造工程，不要用工厂（这个词）来描述我们在这里的投资。"

只有时间才能证明这对于拉辛县的人民来说究竟意味着什么，但至少能确定一点：向电子制造商投资减税的政策可能不是让威斯康星州保持长期经济健康发展的最明智做法。我们在下一章中将讨论到，沃克州长的团队在其任期内更适合投资的应该是公办大学的实力，这将直接影响服务出口、工作机会和国家预算。我分享这个故事并不是说要指责那些认为富士康项目有经济意义或至少政治意义上胜利的领导者，只是因为这个案例完美地印证了为什么在中国生产 iPhone 实际上对美国来说反而是一件好事。事实也证明了中国确实占据了快速、低成本和高效制造大量电子产品的有利形势，但美国却做不到。

如果中国要奔着某一目标建工厂或生产的话，这个速度是会让美国眩晕的。和美国相比，中国不仅有一批工作积极的一线工人和工程师，并且招聘流程也没有美国这么复杂，他们能够让成千上万的工人高效工作。中国的土地更便宜，零件更好获取，而且比美国更完善的供应链也已形成，政府提供的支持也更慷慨、更到位。

美国应该认识到的一点是，设定了这些标准的代价是我们很可能永远地失去在某些行业中的竞争力。诸如威斯康星州富士康工厂之类的项目，有时就不一定能成功，但从长远来看，美国永远无法将亚洲的电子制造业吸引过来。当然，美国也要坦然面对这背后的原因，并清醒地认识到他国让美国民众以如此低廉的价格享受到 iPhone 和其他小物件的条件。我们应该记住，中国不是我们的敌人——实际上，正是中国生产了这些产品，而且并未从中攫取过多的利润。iPhone 的故事给我们上了一课：如果美国坚持自己生产设备，那么最后美国人能支付得起的设备没几个。

第八章
"出口"学位,"进口"学生

在地球上最绝望和最危险的地区,曾有一场人类历史上最血腥的冲突之一爆发,持续了22年之久。努巴山脉下居住着青尼罗河与白尼罗河部落,1983年开始的第二次苏丹内战夺去了200万人的生命,数百万人流离失所,并引发了骇人听闻的绑架、奴役和屠杀事件。虽然美国媒体很少报道非洲的战争,但读者大概也对这场战争所造成的悲剧有所耳闻,其中包括现代史上最严重的人道主义危机之一的"达尔富尔冲突",在《美丽谎言》(*Lost Boys of Sudan*)等电影中,以及戴夫·艾格斯(Dave Eggers)的《什么是什么》(*What Is the What*)等书中,都记录了被洗脑的儿童兵的康复历程。当时苏丹政府由"强人"奥马尔·巴希尔(Omar al-Bashir)领导,他最终因无数战争罪行在2019年被罢免。约翰·加朗(John Garang)领导着代表苏丹的民族和宗教少数派的反对派,即苏丹人民解放军。而在地球的另一端,美国两党的国会议员多年来一直在插手干预该区域的事务,后在双方二十多年的敌对状态中发现了和谈的可能:约翰·加朗恰好拥有美国最重要的出口品。

加朗是丁卡人[1]，自幼贫穷，10岁时成为孤儿，不出意外的话之后将加入叛军部队。但加朗后来并没有出现在血流成河的内战战场，而是来到了美国艾奥瓦州。他先是在格林内尔学院读了本科，之后又在艾奥瓦州获得了农业经济学的硕士和博士学位。

加朗所拥有的，正是在我看来美国最重要的出口品：教育。没错，准确来说，外国学生来到美国的大学学习，就是一种出口：服务出口。当德国人购买美国SUV时，是把资金输送给美国经济，以换取物质形式的商品；同样，如果德国学生来麻省理工学院学习，学费将会为美国经济做贡献，以换取非物质利益：教育服务。虽然说教育出口的价值——2018年约为420亿美元——和美国电气机械或飞机出口的收入相比微不足道，但美国教育出口的真实价值是无法估量的。

曾在美国留学，并因这段经历而与美国联系更密切的重要领导人，绝不只有加朗一个。截至2019年，日本、以色列、哥伦比亚、肯尼亚和新加坡的国家元首都曾留美学习过，除此之外，还有巴基斯坦前总理贝娜齐尔·布托（Benazir Bhutto）、菲律宾第十一任总统科拉松·阿基诺（Corazon Aquino）、韩国总统李承晚和以色列总理果尔达·梅厄（Golda Meir）等。

2011年，一场激烈的争夺希腊领导权的战斗爆发了，这是时任总理乔治·帕潘德里欧（George Papandreou）和反对党领袖安东尼斯·萨马拉斯（Antonis Samaras）之间的对决，而他们恰好是40年前马萨诸塞州西部的阿默斯特学院的室友。如果他们毕业后开车再走20分钟，很可能会遇到正在作为高端学者访问著名的迪尔菲尔德学院的约旦国王阿卜杜拉二世（King Abdullah II）。据美国国务院

---

1. Dinka，丁卡人，苏丹南部白尼罗河流域的民族。

统计，有将近 300 位现任或前任世界领导人曾在美国学习，其中不包括无数曾接受美国教育的立法者、政策制定者、社会领袖、艺术家以及其他未成为国家元首的有影响力的人物。

当然，这些渊源所带来的不仅是学生的祖国与美国之间的良好外交关系，很多负面人物也曾在美国取得过学位。阿默斯特学院不仅培养出了希腊斗争中的对立双方和摩纳哥的阿尔伯特亲王（Prince Albert），也培养了肯尼亚前总统乌胡鲁·肯雅塔（Uhuru Kenyatta），后者曾因涉嫌反人类罪而被海牙国际刑事法院起诉。但总的来说，成千上万的外国年轻人接受美国教育，并与各个国家建立国际友谊。在美国受过教育的外国官员更渴望与美国公司开展业务，我在担任美国进出口银行董事长时亲自见证了这一点。不仅仅是来美接受教育的总统、总理、国王和皇后，而是一代又一代的各个国家的人来到美国寻求知识，建立友谊，体验文化，并且在回到祖国之后，帮助同胞更深入地了解美国。

2017—2018 学年，美国高校录取国际学生数量创历史新高，接近 110 万人，是第二大受欢迎的留学东道国英国的两倍多。根据美国国务院估计，这些留学生每年为美国经济带来了总计约 420 亿美元的收入和 45 万个工作岗位。大部分学生都是自费，没有申请美国财政援助项目的资格。根据国际教育协会（Institute of International Education）估测，82%的留学生的学费来自家庭积蓄或工作收入。留学生的到来也让很多学校有资金为本国学生提供更慷慨的经济援助项目和贷款减免计划——换句话说，如果没有留学生，美国学生很可能享受不到这些优惠。可以这样理解：每当有一名国际生全额支付学费时，美国国内的贫困学生能够在援助政策的支持下进入大学的可能性就会增加一些。我的朋友唐娜·沙拉拉是一位曾任迈阿密大学校长的国会议员，她告诉我说："大学预算来自那些留学生。"纽约大学前校长约翰·塞克斯顿说得更直白:"支付全额学费的留学生就是美国高等教育的麻醉剂。"

很遗憾,现在美国的教育领域没有按照正确的方向发展。虽说仍有很多留学生在美国就读,但每年入学的新生人数却在不断锐减。在经历了多年的快速增长之后,2018年进入美国高校学习的本科生数量已是连续两年下跌。2016—2017学年入学的新生人数下降了几个百分点之后,此后一年下降的幅度是前一年的两倍。特朗普上任后掀起了限制技术工人签证的浪潮,移民规定收紧,随之又在国内煽动"美国优先"的情绪,这些至少要为留学生申请数量的锐减承担部分责任。国际教育协会首席执行官艾伦·古德曼也提到,导致留学生申请数量减少的原因不止一个,其中有不断上涨的学费和无休止的学校枪击悲剧。古德曼说,最重要的是,竞争加剧了这一趋势。

一边是美国对留学生的吸引力被削弱,一边是澳大利亚、加拿大和欧洲的大学急于填补这一缺口。加拿大抓住美国本土主义的趋势这一机会,开始向在加拿大学校获得学位后在该国工作一年的国际学生提供永久居留权,对于留美学生来说,想要获得美国永久居留权一般需要10年甚至更长的时间。

在整个宏伟蓝图中,这似乎只是一个小插曲。但如果美国的国际学生继续流失,未来将对美国经济、创新能力以及全球地位带来重大影响。不可否认,美国的大学从教育质量来说,在全球仍然是极具吸引力的,但也难免受到脆弱的资金结构的困扰。美国高校的资金链越来越依赖于稳定地支付全额学费的国际学生生源。如果这股资金流枯竭了,美国学校的教育质量将会因此下降,生源的背景和观念的多样化也会大打折扣,这些因素也会降低学生的留学体验。失去了受过良好教育的移民,美国的劳动力质量会因此下降,这些本可能留在美国的人才将会去多伦多、巴黎、伦敦和柏林生活，在那里把自己的想法付诸实践。不论是普通人还是多少个国家未来的领导层，也都不会像过去一样和美国保持着特别的联系。

好消息是，要想扭转局面并不难。要想向着好的方向发展，就不能将眼前的挑战只看成是一个国内问题，而是要视为严峻的出口问题。美国需要像出售建筑设备和飞机一样，积极地出售高等教育，毕竟后者所供应的可是全球首屈一指的高利润产品。在吸引外国年轻人方面，学校具备着令人瞩目的经济利益，美国本土同学也将从这些国际学生身上收获经济和教育利益。

不管怎么说，这是一个小世界

教育作为出口商品，能够提振美国在全球的声誉，能起到这种作用的绝不只有教育这一个行业。实际上，美国的第一大出口服务项是直接创造了超过5万亿美元收入和超过500万个就业机会的行业——旅游业。2017年，约有7700万外国游客选择在美国度假，占全美总人口的四分之一。虽然法国和西班牙每年吸引的游客数量比美国多，但来美国的游客在这里的消费额能达到前两个国家的三倍，这可能与迪士尼乐园的门票价格、与卢浮宫或奔牛节的前排座位的门票价格有关。

旅游业虽然不能像高等教育一样，在美国和留学生之间建立持久深厚的联系，但带来的利润肯定是丰厚的。作为一个相对年轻的行业，国际旅游业直到第二次世界大战尘埃落定，并且航空旅行成为人们生活的主流之后才得以蓬勃发展——至少美国是这样的。虽然像康尼岛的越野障碍赛马公园和加利福尼亚的迪士尼乐园这样的景点在多年前就不断吸引本国家庭前往游览,但直到1971年迪士尼世界在佛罗里达州奥兰多市附近开业时,美国人才开始真正认识到全球旅游业的潜力,这可是个大生意——没错,是"大"生意。迪士尼世界占地39平方英里,几乎是曼哈顿面积的两倍,雇用了约7.4万名员工——大约相当于新墨西哥州圣达菲的全部劳动人口。每年都能接待超过600万外国游客,这不仅让迪士尼世界成为地球上游客最多的度假胜地,也让奥兰多这个本来希望不大的城市创下年度来美游客最多城市的纪录。

不管游客是对迪士尼的神奇王国感兴趣,还是向往时代广场、大峡谷或拉斯维加斯大道,来美游客(也被称为"购买美国出口品以获得美国体验的外国客户")促进了美国经济发展,提升了美国的国际形象。随着2017年以来赴美的国际留学生数量减少,旅游业在同一时期出现了类似的下滑趋势。但全世界范围内,国际旅行仍在蓬勃发展,像欧洲、东南亚、澳大利亚和加拿大等旅游目的地都吸引了无数的国外游客。过去几年来,美国是游客人数明显减少的国家之一,还有土耳其——它是因为受到政变、镇压和混乱局面的困扰。这一发展趋势可不太乐观。

事实上,自2016年以来,美国的国际游客份额就开始急剧下降,据美国旅行协会估计,如果将之看成是其他国家抢走的美国的出口销售机会,那么美国将因此损失了约322亿美元的游客消费额和10万个就业岗位。再加上美元价值在2017年的实际下跌,现状尤其令人不安。随着美元走低,国外游客兑换美元的时候能享受到更友好的汇率,美国本希望能借此看到旅游业的蓬勃发展。相反,在全球旅游业增长8%的背景下,美国却下降了6%以上——这个趋势可不是我们想看到的。

当我们谈论自由贸易的"障碍"时,通常谈到的是对外国商品征收关税或配额等问题。但像教育和旅游业这样的服务出口本身自带障碍。几代人以来，美国一直是吸引学生和游客的目的地，不仅仅是因为美国学校盛名在外、教育质量甚优，还因为美国一直以来树立的都是对所有人敞开大门的好客形象。那么，2016年年底发生了什么，让美国的教育和旅游出口向着错误的方向堕落下去了？这里我们就打开天窗说亮话吧：还是托特朗普的福。特朗普执政第二年，美国形象的整体变化很小，但相比奥巴马时代，大多数国家和地区对美国的好感度有所下降。

现状堪忧。墨西哥是美国的第二大出口国及最主要的游客来源国，但美国在墨西哥人心中的形象却受损最为严重。国际社会对美国信任的流失，再加上美国形象逐渐扫地，这些实际上都是一种非关税壁垒，阻碍着美国正常的教育和旅游业出口。其他由特朗普政府推出的，可能会阻碍重要的美国产业发展的非关税壁垒包括但不限于：

- 对伊斯兰国家实施"旅行禁令"，阻拦或彻底禁止未来赴美学生及游客；
- 多次将墨西哥和中美洲移民描述为"强奸犯"和"杀手"，并将在美国南部边境寻求庇护的家庭分离，在这些人的描述中，美国是一个残酷的种族主义国家；
- 据报道，在与参议员讨论移民政策的会议上，将海地和非洲国家称为"垃圾国家"；
- 导致美国政府停摆，向世界传达了一个不稳定且混乱的形象；
- 使美国退出世界上其他所有国家都已签署的《巴黎协定》，这一动作将美国塑造成一个对地球漠不关心的形象。

以及其他。列出以上各项的目的不是要公开批评特朗普，而是想告诉大家，美国所采取的与贸易政策看似无关的行动可能会最终削弱美国出口，以及最终影响美国的繁荣。我们曾在第三章中讨论过服务业出口对于美国经济的未来至关重要。从整体角度看，服务业正是美国所擅长的领域。正如美国多年来努力打破了越来越多的传统贸易壁垒一样，迅速消除非传统壁垒同样至关重要，如果美国不这样做，将很有可能从全球服务出口额第一的位置上跌落。

麻烦的度量衡

虽然说美国当下需要着重吸引游客和留学生，但如果希望在未来的发展中与全球保持同步，我们关注的不应仅仅是学士、硕士和博士学位，还得看华氏温度和摄氏温度。除了伯利兹、巴哈马、开曼群岛和帕劳，美国是全球唯一使用华氏温度测量外界温度的国家。除了利比里亚和缅甸，美国是唯一还未采用公制单位的国家。不，我们不需要马上把温度计换成摄氏温度计，也不需要现在就把码尺、英里标记和12磅重的保龄球，换成米尺、公里标记和5.44311千克的保龄球。但美国确实需要认真想想自己与世界上其他地区脱节的一些领域，比方说在度量衡等基本方面。毕竟如果不能把国外创新设备插入美国的电源插座，那获得设备又有何用？如果其他国家和美国使用的螺丝尺寸都不一样，那又如何把家具卖给别人呢？我在进出口银行工作时曾遇到过这种问题，当时在奥巴马政府的"非洲力量"计划里，我曾帮一个美国企业拿到了在撒哈拉以南地区建设能源基础设施的合同。但当时的问题是，美国使用60赫兹的电源（也就是120伏），而几乎所有非洲国家都使用50赫兹

（220伏）的电源。虽然美国公司能够提供传输线和其他组件，但是与非洲不同的电压标准影响了我们在该地区发展出口业务的能力。我想，在未来还会有很多类似的矛盾需要解决。

每当展望未来的贸易时，我们首先要承认的是，已经持续了数百年的能决定贸易格局的核心战争距离胜利只有一步之遥。关税仍然是生活的一部分，或许永远不会消失，并且将会一直以不同的形式存在。除去特朗普的贸易战不说，阻碍贸易自由流动的高关税已经不复存在。从整体趋势上看，关税正慢慢地成为旧时代的遗留产物。现代贸易协定在制定的过程中，正在逐一解决目前仅存的税额不高的关税。而那些想要从全球经济中获取更多利益的国家，也在致力于清除国际贸易的壁垒。统一标准将会是下一个战场，也是友好国家之间开展贸易时所面临的最后的主要贸易阻碍。

美国在统一标准上拥有丰富的经验，毕竟协调各州之间的贸易是我们必须做、现在也一直正在做的事。合众国成立初期，每个州对面包、农产品和其他主要食品都有自己的标准，跨州销售产品非常麻烦。有时候人们是故意这样设计的，为的就是利用不同标准保护本州的经济，比如说保护得克萨斯州的牧场主不用和芝加哥牛肉竞争。但有时候州与州之间贸易的障碍只是因为我们生活在一个拼接规则的国家。因此，多年来，全国各地的烘焙食品包装都贴有"Reg.Penn.Dept.Agr"[1]字样，代表着食品已经符合要求，可以在最严格的宾夕法尼亚州出售。这也是在纽约的出租车司机载我到新泽西州纽瓦克自由国际机场后，无法再载客穿越州际线的原因。

如今，虽然宪法已经禁止各州歧视其他州的企业，但部分地区

---

1. Registered with Department of Pennsylvania Agriculture，意思是已在宾夕法尼亚州农业部注册。

难免会利用标准作为阻碍贸易正常自由进行的借口。各州为了保护本地制造商，用尽浑身解数禁止其居民通过互联网购买其他州的产品，从隐形眼镜到棺材再到葡萄酒。有时各个州会把这类保护主义的标准描述为出于"道德"考虑，避免在法庭上闹得不愉快。例如加利福尼亚州的酿酒厂就曾因为纽约州和密歇根州的法律禁止居民直接购买加州的酒品而对簿公堂。州政府并不是说不让居民饮酒，本地的经销商销售其他州的酒完全没问题，毕竟政府还能在这个过程中征税。他们想叫停的只是政府无法从中挣钱的月度葡萄酒俱乐部[1]和其他在线销售的酒。为了方便自己在进口葡萄酒中有利可图，政府设定了自己的标准。2019年6月，最高法院在"田纳西州葡萄酒和烈酒零售商协会诉托马斯案"中曾禁止过类似做法，但无法完全阻止各州发动脑筋不断地创新标准来维护自己的底线。

虽然说美国国内基本上统一了标准，但在对外贸易上又是另一回事。当美国在谈判《跨大西洋贸易与投资伙伴关系协定》时，美欧之间的一项有望达成的贸易协定被特朗普火速叫停。谈判中遇到了一些棘手的标准问题。以鸡肉为例，为了杀死沙门氏菌，美国用氯清洗鸡肉，但氯处理在欧洲是非法的。欧洲监管机构认为，如果允许用氯处理鸡肉，那么养殖者会很容易对鸡肉的健康问题懈怠，他们还认为化学清洗会带来污染问题。这一理念上的分歧目前尚未解决，这也远远不是美国与外国贸易伙伴之间的唯一争议，例如关于转基因生物的争论，就是又一场与鸡相关的大战。

随着技术的进步，美国能保持较领先的势头。人工智能和其他突破性创新正在越来越多地融入美国民众购买的商品、使用的服

---

[1]. 该俱乐部每月、每隔一个月或每季度向全国各地的会员运送两瓶葡萄酒，一瓶是国内的，一瓶是国际的。

务以及每天做出的选择中，美国必须迈出这一步，为自己制定出负责任的标准。在世界上大部分国家采用米和摄氏度时，美国仍沿用英尺和华氏度，这种程度的脱节或许还能接受，但在数字经济的主流标准方面，美国还能甘心忍受与全球的脱节吗？在一个电话、电视、健身记录表，甚至"智能"冰箱都在收集用户个人数据的世界中，谁将站出来为 5G 时代设定隐私标准？现在家中的安保系统和婴儿监视器都能连接互联网，谁来制定全球数字安全标准？气候变化已经威胁到社区，气候现象加剧，农业惯例被打乱，资源匮乏现象更为严峻，整个行业受到威胁，又是谁具备道德上的权威，能坚持执行负责任的经济做法？

美国已经被落下了：目前为止，欧洲在数字隐私权方面表现出了更坚定的承诺，我之前也提到过，美国是地球上唯一一个退出《巴黎协定》，没有表现出减少碳排放决心的国家。

第九章
"玩"才是刚需

自 2011 年以来,很多美国人把视线紧紧锁定在了另一个动荡不安的地方。在这里,暗杀、战争和政权更迭已是家常便饭。我说的就是维斯特洛大陆(Westeros),这片政治动荡的大陆是乔治·R. R. 马丁(George R. R. Martin)的《冰与火之歌》(A Song of Ice and Fire)丛书及其广受欢迎的 HBO 出品的改编电视剧《权力的游戏》的发生地。如果你是尚未看过《权力的游戏》十二分之一的美国人,不用担心,阅读本章不需要观影经验。哪怕说青春期的巨龙、纤弱的白鬼和剧中无数个角色阴险狡诈的性格都没能吸引到你,但贸易肯定为你带来了一些值得坐在电视机前刷剧的精彩剧集,我们都应该对贸易心存感激。

像之前的《双峰》(Twin Peaks)、《迷失》(Lost)和《周六夜现场》(Saturday Night Live)一样,《权力的游戏》也进入了预约观看的"万神殿"[1],我们以前称之为"饮水机剧"(water cooler shows),

---

1. 罗马帝国时期的建筑,用以供奉早期奥林匹亚山上的诸神,也是意大利众多名人的安息之地。——编者注

说的就是那些第二天你很可能会与同事一起聚集在办公室的饮水机周围讨论前一天晚上的剧情的剧。当然,现在流媒体点播和办公桌上瓶装水盛行后,这种情形也不多见了。虽然说现在人们能够随时随地观看喜爱的节目,但大部分美国人还是会在星期日晚上看电视,2019 年 5 月播出《权力的游戏》大结局时,至少有 790 万篇文章对此进行了点评报道!很难有其他的节目能像《权力的游戏》一样,让观众能够从紧张的工作中脱身,享受一小时的自由和放松。当你坐在沙发上,随着维斯特洛最新的剧情发展而屏住呼吸、认真观影时,大概不会想到这也能和贸易挂上钩——当然,我说的不包括剧中铁群岛严格的保护主义以及七国与厄斯索斯之间的双边贸易逆差。不过,观众除了刷剧外,还真应该想想贸易,毕竟,例如教育和旅游业这样的娱乐业确实是美国最重要的进出口商品之一,也为美国提供了大量的就业岗位。一方面,从其他国家出口到美国的电视节目、电影、书籍、电子游戏和其他娱乐资源,拓宽了美国人的眼界,丰富了美国人的生活,也通过了解他国文化中的创造力,拉近了彼此之间的距离。另一方面,出口到海外的美国娱乐文化也向世界塑造了美国形象,让大家对美国更熟悉(也希望收获更多国际社会的认可)。刚好,它还让美国赚了一大笔钱。

近年来,尤其是诸如奈飞(Netflix)之类的全球流媒体服务问世以来,制作哪些电视节目和电影的决定权掌握在了全球市场手中。从经济角度看,这是非常合情合理的:美国媒体的海外消费者越多,就会有越多的好莱坞制片厂在制作电影和电视节目时考虑到全球观众。在有史以来全球票房最高的 15 部电影中,2015 年之前发行的只有 5 部,像 2018 年的《复仇者联盟 3:无限战争》(*Avengers: Infinity War*)和《侏罗纪世界 2:失落的世界》(*Jurassic World: Fallen Kingdom*)这样的大片,票房收入中有三分之二来自外国观众。如今，类似的趋势也出现在小荧屏上，HBO电视网就在全球营销和发放播放许可方面投入了大量资源，让全世界的观众都能观看《权力的游戏》和其他节目。《权力的游戏》第五季于2015年首播时，已经实现了在170个国家和地区同步播出。

我之所以对《权力的游戏》感兴趣，不仅是因为它吸引了如此多的观众，深度融合了美国文化，还因为这部剧代表了真正的全球制作。从某种意义上说，它就是电视节目中的iPhone——如果没有多国之间的自由贸易，就不会有这个作品。这部剧是由两位美国制片人大卫·贝尼奥夫和D. B. 威斯，以美国作家乔治·R. R. 马丁的作品为基础创作的。因为名字中间的两个R和英国作家J. R. R. 托尔金相同，马丁经常被误以为是英国人，实际上，整部剧都常被误认为是英剧，这可能与人物的口音有关。剧中，从工人阶级的约克郡人到"精致"伦敦人都操着一口英音。为什么在一个充满着龙和幻想的梦幻土地上，所有的居民说的英语都带着各式各样的英国口音？这个问题先留给别人去回答。在该剧整整八季中最引人注目的60名主要演员中，确实有46名是英国演员，但如果你曾看过《权力的游戏》，你会知道60名演员只是全体演员中的一小部分，核心演员由五位爱尔兰演员、两位德国演员、两位荷兰演员、两位美国演员，以及一位丹麦、一位挪威和一位西班牙的演员构成。这部剧主要在克罗地亚、西班牙、北爱尔兰、冰岛、摩洛哥和马耳他等地拍摄完成，编剧和制作团队主要是美国人，视觉效果大部分由德国制作公司负责，此外，加拿大、爱尔兰、英国和美国的工作室也提供了其他支持。本剧的音乐（包括标志性的惊人的主题曲）都是由艾美奖获奖者德裔伊朗作曲家完成。所有这一切都说明，虽然维斯特洛只有7个王国，但让《权力的游戏》登上荧幕，需要的可不只是7个国家。

那这与贸易又有什么关系呢？关系很大，剧中每个跨越国境的元素都可以视为一种出口。德国工程师出售了自己的特效专业知识，英国演员贡献了自己最好的表演，马耳他旅游官员出售了本国阳光下的悬崖边风景，这些都是在向美国出口服务。当然，美国反过来也把流行电视剧出口到世界各地的网络上。这些出口业务支撑起了国内外大量的就业需求，因为这部剧而收获一份工作的不仅是艾米莉亚·克拉克（Emilia Clarke）这样富有魅力的明星，还有美国舞台设计师、布景设计师、研究人员、图形艺术家、电工、餐饮、司机、发型师和编辑等中产阶层。在《权力的游戏》等影视作品轰动全球后，HBO 这样的娱乐公司就会把所得的收入用来支持那些聘用了众多演员和剧务人员，但又利润不多的新剧集。

不用说，在一个边界关闭、民族主义贸易政策盛行的世界中，以上这一切都是不可能的。如果彼特·丁拉基（Peter Dinklage）不能自由地在不同国家寻求工作机会的话，那么他的角色提利昂·兰尼斯特也无法从奴隶湾到龙石岛来找工作。正如在现实生活中，只有在贸易政策允许美国吸纳来自不同国家的人才和资源时，美国的产品才有可能更具创新性，当美国与世界的联系变得更紧密时，娱乐业也能发展得更好。关税和配额会影响钢铁和铝的行业发展，虽然娱乐业不会受到明显干扰，但贸易壁垒的存在绝对会让文化贸易的步伐放慢。中国的电影业迎来了繁荣发展期，2011 年至 2018 年间，中国电影市场规模达 86 亿美元，增长了三倍之多。虽然中国对引进上映的进口电影数量设置了配额，每年大概只有 34 部外国电影能进入中国的电影院，并且这些电影的制片人仅获得中国票房收入的四分之一，但中国无疑已经成了美国电影最大的出口市场。美国电影获准进入中国影院的数量是经过谈判之后达成的。最近的相关协定是在 2012 年签订的，当时恰逢洛杉矶湖人队和太阳队之间的篮球比赛即将开始。

由于美国娱乐业在全世界享有的超高流行度,美国才几乎不会在文化出口领域出现贸易赤字(当然,这里不是说贸易赤字有多么重要)。总而言之,2019年美国媒体和娱乐业的销售额预计将超过7700亿美元,是排名第二的媒体和娱乐制造国(中国)的四倍。美国占全球娱乐市场的三分之一,其中近两千亿美元为海外总出口额,如果把相关的版权费考虑在内,娱乐业销售额对美国经济的价值甚至超过了航空航天产品和化学药品等主要出口产品。最重要的是,这一行业的出口所带来的就业岗位的平均工资高于93000美元,几乎比美国工人的平均年薪高出近40%。

诚然,这些数据看起来非常可观,但就娱乐业贸易对人们日常生活的影响来看,还是更多与进口有关。其实美国许多最受欢迎的电视节目都是外国节目的进口版本,喜欢看《全家福》(All in the family)的观众可能不知道,该剧及其主要角色暴躁的固执老头阿奇·邦克是直接借鉴了英国情景喜剧《至死不渝》(Till Death Us Do Part);在《桑福德和儿子》(Sanford and Son)之前,已经有了《斯特普托和儿子》(Steptoe and Son)这部重新为美国观众打造的英国进口剧;美国还跨洋采购了美国版本的《办公室》(The office)、《纸牌屋》(House of Cards)和来自英国的《同志亦凡人》(Queer as Folk),还有来自以色列的《国土安全》(Homeland)和来自哥伦比亚的《丑女贝蒂》(Ugly Betty)。近年来,最受美国观众欢迎的真人秀节目原版主要来自荷兰[《幸存者》(Survivor)、《老大哥》(Big Brother)、《谁敢来挑战》(Fear Factor)]、英国[《美国偶像》(American Idol)、《与星共舞》(Dancing with the Stars)和《厨艺大师》(MasterChef)]。如果你也曾与另外1000万美国观众一起锁定了福克斯2019年的年度巨作《蒙面歌王》(The Masked Singer),那你可要感谢（或埋怨）韩国了。

简而言之，如果各国之间没有自由贸易的话，美国人的生活可比现在单调多了。就像美国人的味蕾已被来自世界各地的进口美食打开（虽然其中一些美国民众已经根据自己的喜好将其"美国化"了），大家的休闲时间也因为有了进口文化而更加丰富多彩。哪怕你不喜欢那些扣人心弦的电视剧、精彩的情景喜剧或打发时间的娱乐真人秀，你很可能还是得感谢贸易，如果没有它，美国民众怎么能读到心仪的外国作家和剧作家的作品呢？毕竟只有在获取国际许可和签订出版协定之后，这些作品才能进入美国市场。无论你喜欢的是哪种娱乐内容，不用怀疑，美国民众工作之外的闲暇时间都是因为贸易才如此丰富。

游戏的王座

在娱乐业中，有这样一个领域正处于前所未有的全球繁荣大潮之中，那就是电子游戏。20 世纪 70 年代独立游戏主机首次问世时，大家都认为它不过是一时的新鲜玩意儿，是青少年用来消遣的东西，没人会想到它能在未来成为一个价值 1400 亿美元的产业。即使是不起眼的电玩街机也在 20 世纪 80 年代初成了美国青少年文化中的主要元素，可以说是一个硬币一个硬币地榨干了小孩子们的零花钱。谁又能想到，当时八字节的外星人、像素化的乒乓球拍，还有用点状颗粒组成的拟人化奶酪圈能孕育出如今这样强大的经济支柱性产业呢？毕竟游戏只是无聊的儿童才玩的东西，对吗？

错。很多美国人都不知道，截至 1982 年，街机电子游戏赚的钱已经比电影院和流行音乐加起来还要多。游戏柜吞硬币的速度比吃豆人吞白点的速度还要快四分之一。随着游戏机越做越小，它们也逐渐走入美国的千家万户，一个新的娱乐巨头正式加入比赛。在近几年走下坡路之前，游戏机曾在美国市场风生水起过。行业的迅速崛起导致了新游戏系统的大量涌入，消费者一头雾水，混乱之后也出现了一系列的失败，其中一些商业上的灾难可以说是都市传奇了——当时雅达利（Atari）想根据1982年的大热电影《E. T. 外星人》制作电子游戏。开发人员被告知只有六个星期的游戏制作时间，从无到有，只为了赶上假期销售旺季。结果就是后来推出的又奇怪又不讨喜的产品——被人们称为"有史以来最糟糕的游戏"。最终，成千上万个未售出的游戏卡带在1983年秋天被埋在新墨西哥的垃圾场。很多人都认为这个巨型电子游戏"坟墓"是个谜，直到30年后它被挖掘出来，一切才真相大白，里面有成千上万个未拆封的游戏卡带，每个在现在看来都是价值不菲的收藏品。

1983年，美国的电子游戏产业价值32亿美元；1985年，这一数字暴跌97%，仅剩1亿美元，整个行业危在旦夕。对一个企业来说这可能是灭顶之灾，但在贸易的眼里，这又是另一个故事了。在这段时期，垂死挣扎中还被日本同行业更优秀的竞争对手猛烈打击的不仅仅有美国汽车制造业，还有美国的游戏行业。这一行业所面临的打击不是精密设计的日产或丰田汽车，而是一个戴着红帽子、留着大胡子的意大利水管工。

任天堂纸牌公司在转型成为电子游戏公司并跨越太平洋来美国市场发展之前，已经有着近一百年的发展历史了。标志性的控制台（1985年在美国推出了一个不起眼的灰色盒子）及高质量的游戏程序，让美国游戏业自此重新踏上了腾飞的道路。荒川实（Minoru Arakawa）曾是任天堂美国业务部的总裁。当时公司在西雅图租了一个仓库来开发一款名为《大金刚》（*Donkey Kong*）的游戏，因为业绩不佳而拖欠了房租。当时仓库的主人马里奥·塞加莱（Mario Segale）曾为此对荒川实大发雷霆，但游戏开发团队却被这位美国老头暴躁的动作吸引了，并以他的名字命名第一款美国电子游戏的主角，马里奥就这样诞生了（虽然马里奥本人并没有收到版权费）。

直到今天，马里奥仍然是美国文化中最知名的角色之一。超过3000万台第一代任天堂游戏机进入美国家庭，马里奥和路易吉、《塞尔达传说》（The Legend of Zelda）和其他精彩游戏走入了热情粉丝们的生活中。但就像汽车行业一样，面对日本汽车的入侵，福特和通用没有一棒子将其赶跑，而是从此奋发图强，游戏行业也是如此。任天堂来到美国后，掀起了美国游戏业的复兴，开发者们一起把这块蛋糕做得越来越大。之后的几年里，任天堂与另外一家日本公司——备受欢迎的PlayStation（简称：PS）游戏机制造商索尼，以及微软（微软推出的Xbox品牌在21世纪初期就已经是市场畅销品）并驾齐驱。在游戏市场，虽然日本游戏机占据了市场份额中的大头，但进口产品的成功也给了美国游戏设计师蓬勃发展的机会。在2018年美国国内最畅销的五款电子游戏中，有四款是由美国公司发行并主要或完全由美国开发者设计的；第五款《孤岛惊魂5》（Far Cry 5）是由法国公司在加拿大设计的。像纽约的摇滚之星游戏公司（Rockstar Games）、马里兰州的贝塞斯达游戏工作室（Bethesda Game Studios）、加利福尼亚州的动视公司（Activision）和华盛顿州的维尔福公司（Valve）都在向世界各地出口热门游戏，让美国国内游戏生态能维持在高薪的水平。

随着虚拟现实、增强现实和人工智能等新兴技术的不断发展，电子游戏产业已成为未来几年美国最具创新性、利润丰厚的出口产品之一。被称为"电子竞技"的多人游戏，已经是一个10亿美元规模的全球产业，随着诸如《堡垒之夜》（Fortnite）和《守望先锋》

(Overwatch）等现象级游戏的出现，本行业预计在未来两年内还能实现规模翻倍。可口可乐、卡夫、梅赛德斯-奔驰、英特尔和康卡斯特等公司也向电子竞技比赛和受欢迎的个人玩家提供了可观的赞助金。现在有越来越多的观众涌入亚马逊旗下网站 Twitch 观看自己喜欢的游戏玩家的比赛，平均每天收看人数要高于 CNN 或 MSNBC 的观众人数。对的，你没听错，电子游戏已经从一种消遣方式，发展到本地的社会活动，再到全球互联的资源，再到具备前沿技术创新的大公司，坐拥庞大的收视率和企业广告业务，很快就能与主要体育联赛相媲美。对于一个曾经被视为儿童游戏的行业来说，游戏产业经历了剧变，但如果没有全球贸易搭建起的桥梁让最好的人才、创意、产品和用户之间实现互联，剧变也无从谈起。

接下来……

假设现在是 20 世纪 50 年代，你想要放松一下，可以和家人一起在黑白电视上观看埃德·沙利文（Ed Sullivan）或《独行侠》（*The Lone Ranger*），播放着纳京高（Nat King Cole）或帕蒂·佩姬（Patti Page）的唱片，要么就是去冷气开放的电影院观看《日落大道》（*Sunset Boulevard*）或《彗星美人》（*All About Eve*）。1990 年，时代已经改变了。黑白电视变成了彩色，还带有天线，布鲁斯·斯普林斯汀（Bruce Springsteen）曾将其描述为："57 个频道，无所不能"。出门时候带着随身听或便携式 CD 播放器，麦当娜和迈克尔·杰克逊就能一路相随。想看喜欢的电影？甚至都不用出家门，直接从影碟租赁店租《夺宝奇兵》（*Indiana Jones*）和《小美人鱼》（*The Little Mermaid*）回家看。2010 年，电视里的 57 个频道已经激增至500多个，TiVo和其他点播服务还能让观众自由选择想看的高清节目——播广告时还能快进。CD基本上已绝迹，取而代之的是iPod和存储着成千上万首歌曲的智能手机。在奈飞这样的热门服务平台上，只需单击一下按钮，观众就可以在电视或笔记本电脑上观看2010年流行的电影，例如《国王的演讲》(*The King's Speech*)或《社交网络》(*The Social Network*)。

上文提到的所有的变革其实都是人们在媒体和娱乐方式上的消费革命。1950年之后的40年中出现的创新与1990年之后的20年里的创新一样深刻，而同样的改变在2010年之后发生，却只用了10年，由此可见，变革所需的时间越来越短。当然，加速发展的不仅仅是娱乐业，人们了解新闻、与全球各地的人们沟通的方式也发生了剧变。

如今，世界各地的人们都可以随心所欲地开启各种直播。人们能够即时在各种媒介上获取娱乐和新闻信息，还能根据自己的喜好定制媒体推送的内容。但问题也随之而来，无休止的定制信息也给美国的文化带来了一定的影响。当奈飞根据用户的习惯推送其可能喜欢的新节目时，观众不会认为有什么不妥，但别忘了相同的方法已被用在YouTube等平台上并带来了一些负面效果，比如有人为达成自己不可告人的秘密，会在YouTube上向一些立场不够坚定的观众推送煽动性内容，例如危险的阴谋和暴力宣传等。这已经对我们的社会产生了不可忽视的影响，希望在下一波创新浪潮席卷之前，这个问题能得到妥善解决。

下一场革命到来时，大家将不会再从电视转播上得到消息，而是通过智能太阳镜上的5G网络接收传来的新闻。我们尚不知道AI、VR以及有着其他缩写名字的技术将会带来怎样的未来，唯一可以确定的是，在短短几年内，现在的尖端技术很快会落伍，就像当年的贝泰麦卡斯格式[1]和车载电话一样变成古董。如果你读到这里时想："这些革命与技术的联系更紧密，还是和贸易的相关性更强呢？"我的回答是：有区别吗？未来能够定义人们创建与消费媒体方式的创新技术必将依仗无缝的全球互联互通。就像 iPhone，任何一个国家都无法单独以经济高效的方式生产或维护。埃及观众正在日本设备上使用美国的流媒体服务观看由爱尔兰演员出演的英国节目；塞内加尔和澳大利亚的青少年在加拿大开发人员设计的法语电子游戏中脱颖而出；谈及娱乐，国界这个概念已经模糊，技术越先进，国界线就越模糊。

现代贸易协定的重点已经从降低对实物商品的关税和配额，转移到如何让服务贸易更顺畅。决策者们都在认真考虑未来几年媒体的制造和体验方式。例如，TPP 将消除（或禁止）施加于电影、音乐、视频、游戏、电子书和软件的跨国交易的歧视性税费，通过条款规定让 12 个成员国统一数字标准。这样一来，制造商不必为了让产品在不同国家和地区能正常使用去定制相应的硬件，消费者也无须购买专用的适配器。此外，TPP 还有意增加高速网络访问权限，改善数字隐私保护并简化国际许可和电子分发的流程。当然，对于美国人民和公司来说，这些规定都没什么意义，你应该还记得，特朗普已经下令让美国退出该协定了吧？但至少 TPP 让我们大致了解到，未来贸易协定如何更好地反射现代媒体的发展、娱乐以及以服务为基础的经济。

卡拉·希尔斯（Carla Hills）曾担任老布什政府时期的美国贸易代表和美国《北美自由贸易协定》的首席谈判代表，她曾说，贸易协定实际上就是与目前尚未生产的商品有关。没错，今天开辟出的

---

1. Betamax，应用于录像机的格式。

道路，将会使明天的技术价格更低、更易获取、集约化程度更高，最终也能带来更大的成功。一首热门歌曲或电视节目能瞬间融入他国市场，以韩国说唱歌手兼制作人 Psy 为例，在 2012 年 7 月发行第六张专辑时，他在美国观众当中几乎没有知名度，但 2012 年年底，他的歌曲《江南 Style》成了第一个在 YouTube 上获得超过 10 亿观看的视频，他还受邀在时代广场的新年晚会上为 100 万名观众现场表演。考虑到文化在全球传播时的超快速度和巨大影响力，娱乐业已成为贸易政策制定的重要参考因素。美国尽全力减小外国娱乐进入美国市场时的阻力，只有这样国际合作才能更顺利地蓬勃发展。这不仅仅是为了给美国带来更多的利润和工作岗位，也不是为了从全球娱乐业中收获像《权力的游戏》这样的优质节目，来丰富美国人的休闲生活，更多的是因为文化交流与高等教育和旅游业一样，能增进美国和"ROW"（世界上除美国之外的所有国家）之间的了解。世界了解美国的途径不只是通过美国制造品，还有美国人热爱的事物，就像我们了解世界的方式是一样的。除去 GDP、就业机会、地缘政治和其他因素之后，你会发现，这才是贸易的真正意义所在。暂不谈经济利益，贸易真正的意义在一集一集的电视剧、一件一件产品、一份一份塔可卷。贸易正悄悄地让全世界的联系更紧密、人与人之间更温暖，彼此之间的距离在一点点缩短。

第三部分

十字路口，何去何从

第十章
这个世界会好吗

虽然在前面几章中,我一直尽可能从客观的角度来讲贸易相关的内容,但说实话,在这个话题上,我无法完全中立。为什么?因为我知道如果人们能以负责任的态度运用贸易,它将成为一股强大的力量影响世界。我曾亲眼见证贸易是如何极大地丰富了人们的生活,我也有幸参观过国内外的数百个社区,直接与工人和企业家们进行交谈,看到了贸易为他们的家人和生活带来的机遇。在看到贸易为人们的生活带来如此多的积极美好之后,我很难不对贸易的未来充满期待。

但本章并非要与大家聊这些,这里要和大家探讨的是眼前贸易最紧迫的问题。这是一个未能引起人们重视的问题,一个已经在阻碍贸易发展的问题,一个让民众无法享受贸易中的好处的问题,也是一个在未来必须解决的问题。在其他的行业和社区紧紧抓住全球化发展的成果之际,一些在国家就贸易的讨论中被遗忘的城镇就在饱受这一问题的困扰,我也曾亲眼见证过。这些人的故事也需要被倾听,他们的未来也应该作为贸易发展规划中的一部分。

事实上,如果所有人都能更诚实、更坦率地面对贸易中尚未解决的弊端，大家都能受益。当然了，多年来，批评者一直在大肆唱衰贸易，但如果我们能做到开诚布公地探讨贸易的缺陷，坚定的支持者们也能获益匪浅。支持者们如果认为自己手握强有力的论据，证明贸易就是百利无一害（我相信他们确实有足够的论据），就更应该充满信心地加入讨论。我相信，如果我们能够清醒地认识到贸易的不足，并下决心拿出行动补救的话，贸易定将赢得更广泛的支持，后续的工作也将能更高效地开展。全国范围内的贸易公开讨论，受益最多的既不是贸易支持者也不是反对者，而是普通的民众。

这也是我写这本书的初衷。人们对真正的贸易了解越多，就越能够在这一话题上发言、辩论和投票。实际上，正是由于民众缺乏对贸易的了解，政客们这么多年来才能屡屡滥用或操纵贸易政策。如果大家在读完这本书之后对贸易的了解增加了一些，那么你不仅仅是在增长见识，更是在为这个国家做贡献：如果有某些图谋不轨之人妄想在贸易问题上左右是非，给民众洗脑，满足一己私欲，本书读者就能借助了解到的信息，帮助身边的人免于遭受蒙骗。不管大家对本书中的话题见解如何，各位读者读到这本书就是在帮助提升美国的整体贸易素养，这是件好事。我郑重发誓，写这本书是为了信息透明，至于如何解决问题，如何抓住贸易的好时机，都将取决于各位读者。而只有在贸易问题上达成共识之后，这些问题才能解决。

积极一点看，贸易当中的核心问题并不难理解，甚至可以说是非常简单，简单到连美国领导人在《北美自由贸易协定》战争、世贸组织发出抗议和美国经济全球化之前就把它搞清楚了。这不是什么秘密，你知我知，而且这本书前面已经讨论过十几次了：贸易中有赢家也有输家。现在，赢家的数量远远大于输家。当然，贸易不是造成输赢的唯一原因，保护主义、主动逃避贸易的心态等也会带来输赢。但事实就是这样：贸易确实伤害了我们的部分同胞，那些热切的贸易支持者想要忽视或企图掩盖这一事实的做法都是不负责任、不道德、最终会适得其反的行为。如果不能面对现实、不能积极提出有意义的解决方案来缓解现实，美国都制定不出有利于大多数美国人的贸易政策，也无法帮助其他国家，更不可能达成共识。而在这之前，还是会不断有人制造恐惧，利用全球经济中输家的恐惧和仇恨大做文章。

利用一些基本的政治经济学理论，能帮助我们真正理解"赢家和输家"问题的症结所在，以及搞清楚这个问题为何如此难解决。我们知道资本主义世界中常出现一些颠覆性事件，迫使经济形势和民众不断地适应时代的变化。我们知道，打破现状是资本主义制度的重要组成部分，它经常迫使我们的经济和公民适应不断变化的时代。贸易和全球化程度的提升能够加速适应的步伐，当然其他因素也能起到同样效果。例如轧棉机或轮船的发明、工业革命的来临或自动化制造的兴起等，都让人们改变了经营方式来维持国家生产力的进步和繁荣。我的家族企业起步于邮购目录，邮购与西尔斯百货（Sears）和蒙哥马利－沃德百货公司（Montgomery Ward）一道，打破了传统零售商的模式。在以亚马逊为首的在线零售商应运而生时，旧模式又被新模式打破了，你看，总会有赢家和输家！所以，每当经济形势变化时，无论是否由贸易引起，总会有一部分工人的利益受损，而另外一部分工人从中受益。我们知道贸易会带来什么样的变化，有些变化会因为贸易的参与而加速；例如，美国鞋厂在美国民众开始从亚洲购买便宜鞋之后就倒闭了；《北美自由贸易协定》生效之后，一些美国汽车工人的工作被转移到墨西哥等。虽然如此，一些非贸易引发的变化也会侵害工人的利益：电灯对经济发展是一个巨大的胜利，但抢走了蜡烛制造商的工作；机场和火车站里的搬运工与行李运输员的工作被带轮子的行李箱代替了；在线预订服务在很大程度上也让旅行社的发展举步维艰。在不远的将来，日益精密的汽车会让汽车维修业把重点放在软件维护而非硬件修理上。相信大家都懂我的意思，经济发展是无法避免的，并且肯定会有人因此受伤，但从整体上来说，这是一个积极向上的大趋势。

那些因为贸易而利益受损的人怎么办？美国有两种相互矛盾的观点。第一个是最受美国资本家青睐的原则，也是美国历史上最具影响力的观点之一：自由市场经济！随着全球经济发展而不断创造着赢家和输家，纯粹的自由市场理论认为，政府不应该补偿因经济变革而利益受损的人群；政府不应该干预市场的发展，弱者是被市场淘汰的，拥有资源和技能的人才能在新经济形态中存活下来。了解第二个原则的人比较少，但它却有一个非常具有震慑力的名字——"福利经济学的补偿理论"（Compensation theory of welfare economics）。这一理论认为，当政府改善经济时，例如通过利用自动化技术制造质量更好、价格更低的汽车，或者通过签署贸易协定允许低价玩具进入市场时，绝不能让一部分人的利益受到严重损害。这个想法大概的意思是说，因为改善经济的举措从整体上为美国节省了很多成本，政府应该将部分资金重新分配给那些因此而利益受损的人，让他们不必承担严重的损失。你也发现了，这两种观点截然相反，但其实也没必要势不两立，我们可以找到两者之间的平衡，既增强个人的责任意识，但也能体现国家作为一个整体的利益。

在你觉得各种政治理论的讨论会变得太过密集乏味之前，不要担心，接下来我们聊聊19世纪的英国《谷物法》缓解一下气氛！1939年，一位名叫尼古拉斯·卡尔多（Nicholas Kaldor）的英国经济学家注意到，自由市场并不能帮助那些因经济变革而利益受损的人，事实证明，这些人并没有"找到新的工作"，反而是"在赤贫中挣扎"。一百多年前，英国为了保护本国农民，曾出台谷物关税，以限制外国玉米对英国的出口，卡尔多通过研究这一做法，衍生出了有关补偿政策的想法。1845 年，一场史无前例的饥荒袭击了不列颠群岛（现在我们一般称之为"爱尔兰马铃薯饥荒"），英国政府不得不废除谷物关税才能避免国民挨饿。你猜怎么着？贸易政策的变化带来了赢家和输家！进口谷物大量涌入英国，极大地降低了英国家庭的粮食成本，但本就在苦苦挣扎的农民又因为突如其来的外国竞争者而备受重创。卡尔多回顾了这一事件，提出了"进口货物可以不必侵害任何人的利益"的想法。取消关税后，英国消费者的经济收益远大于农民的经济损失。因此，政府只需拿出消费者在新政策里节省下来的一部分资金，放回农民的腰包，所有人最终都能受益。补偿理论因此诞生，这样一来没有人会成为输家！当然，除了被英国政府抛弃的爱尔兰人。

之所以要和各位读者分享这段历史的概况，是因为这正是当年约翰·肯尼迪总统想用来解决美国贸易中的赢家和输家问题的思路。1962 年，距离第二次世界大战结束还不到 20 年，连美国这种习惯了孤立主义的大国也懂得在经济上与同盟国家联手的重要性，还创办了一些全球机构来实现与全球互联，改善经济发展，这些机构包括世界银行、国际货币基金组织、《关税与贸易总协定》、经济合作与发展组织等。肯尼迪还研究了尼古拉斯·卡尔多以及英国《谷物法》，毕竟他父亲在多年前曾是美国驻英国的大使，而年轻的肯尼迪曾修过英国历史的课程。肯尼迪贸易政策的重大转变会损害部分美国工人的利益，他不希望任何人因经济形势发生变化而掉队。

1962 年 1 月 25 日，肯尼迪向国会传达了搭建美国贸易新平台的大胆设想。在详细介绍了与世界加深经济交流所能带来的巨大益处之后，他在结尾处简单介绍了对美国的新设想：贸易调整援助（Trade Adjustment Assistance,TAA），他简洁地描述道：

我还建议，作为新贸易计划的重要组成部分，政府应向因外国进口品进入本国市场导致竞争加剧，从而遭受损害的公司、农民和工人予以补助。如依国家政策，需要避免征收更高额的关税时，因竞争而利益受损者不应承担全部损失，而应该由联邦政府来承担因经济调整而带来的负担。

我觉得这个提议很合理。如果当时美国听取了这一提议，那么今天的贸易辩论将会是另外一种局面。TAA的思路很简单：如果降低关税让大部分人受益、小部分人利益受损，那么政府需要利用收益的一部分来补偿后者的损失。肯尼迪计划为受贸易影响的工人提供三大支持，为农场和企业提供三大支持。对于因岗位外流而失去工作的人，TAA将提供政府直接补偿，最高覆盖工人一年工资（如果是60岁以上的工人，赔偿所覆盖的时限会更长）的三分之二，此外，政府还将资助失业工人参加职业培训，帮助他们学习新技能，如果他们未能在所在社区找到工作，政府还将提供经济支持，协助其搬迁到新社区。政府将为公司和农户提供免费的技术支持和咨询，帮助他们与国外进口产品竞争，当经营者在现代化和多样性领域尝试突破时，政府给予税务减免激励，提供贷款和贷款担保帮他们尽快适应市场。虽然已经预计到自由市场支持者肯定会提出反对意见，但肯尼迪总统仍然竭尽全力从源头掐断，并向国会保证，TAA"不可能也不会成为政府家长制的补贴计划，相反，这个计划能为美国争取更多的时间来证明我们的方案、美国的适应力和抗压能力"。在今天这样一个人工智能和自动化技术迅速发展的时期，时间显得尤为关键。美国需要肯尼迪的时候他在哪里？

肯尼迪给出的理由很有说服力，也让许多共和党人不惜跨越党派，公开支持 TAA，其中包括非常关键的人物，前总统德怀特·艾森豪威尔（Dwight Eisenhower），他游说了自己的党内成员支持该法案。为了说服反对派，证明贸易调整援助不仅仅是施舍，肯尼迪打趣说："重点是'调整'而不是'援助'。"虽然肯尼迪计划最终通过，但在很多支持自由贸易的共和党人眼中，TAA 和政府干预市场的措施没什么两样。他们的反对意见多多少少具有一定的预见性，每五年 TAA 需要被拿出来重新授权时，同样的反对声音还是会有。

TAA 并非像反对派所言的那么恢宏，而是在一开始就显得气势不足。往好里讲，我们也只能勉强说这一计划执行起来步伐缓慢。考虑到当时的情况，肯尼迪说服国会通过的目标其实非常保守，实际上 TAA 问世的前七年里，未曾有一个申请者获益，也就是说它曾帮助过的人数为零！1974 年，政府采取措施加大项目力度，两年后，TAA 为 6.2 万名因贸易限制进一步放松而无法维持生计的工人提供服务。到 20 世纪 80 年代初，随着关税继续下降，TAA 通过直接付款、技能培训和其他方式援助了超过 50 万的美国失业人口。1993 年，在比尔·克林顿的敦促下，该计划再一次更新，为受到《北美自由贸易协定》冲击的工人提供实际援助。克林顿力推援助力度更大的 TAA 计划，但遭到了两党的坚决反对。

截至 2014 年，总计有 220 万因贸易而利益受损的美国人得到了 TAA 的补偿。人们普遍认为 TAA 计划还是比较有效的。2014 年，有四分之三以上的失业人士在 TAA 的帮助下在六个月内找到了新工作，其中 90% 的人六个月过后仍然从事于该岗位。这些数据不容忽视，更值得注意的是，这些再就业的人口中，有一半以上的最高学历是高中或以下，平均年龄在 50 岁，从历史数据来看，这类人群一般在被裁员后很难找到新工作。纽约联邦储备银行（New York Federal Reserve）的本·海曼进行了一项为期 20 年的研究，结果显示 TAA

不仅提高了参与者的收入，甚至回了本。海曼发现，参加该计划的工人在过去10年内的收入比未参与的工人多了5万美元。毫无疑问，TAA的初衷是好的，是为了向那些美国贸易政策的受害者提供援助，但也无法避免地招惹来很多怀疑。话说回来，虽然TAA计划确实帮助一些工人实现了再就业，但还有更多的失业工人并没等到自己再就业的机会，考虑到这一点，我们很难说TAA是一个成功的计划。

自由市场中的部分人士坚持反对政府介入，反对将资源重新分配给那些因贸易而利益受损的人。但实际上对TAA的批评已经远远超出了意识形态。首先，贸易调整援助的规模不够大，资金也不够充足，导致无法覆盖到大多数因贸易而失业的人。而那些顺利得到TAA救助的工人，其二次就业后的收入也低于他们在原岗位的工资，平均降幅在20%。很多失业工人根本没有听说过TAA，而所有报名参加的人当中，只有大约三分之一的人最终能参与到技能培训计划中。另外，这些培训长期以来也面临资金不足的困扰。右派中比较主流的批评意见认为，TAA发放资金的做法，实际上是鼓励了下岗工人不要去找新工作，并且，TAA的补贴幅度要比普通的失业救济更慷慨一些。批评人士也指出，每年都有很多美国人由于各种不可控的原因失业，为什么因贸易而利益受损的人能享受特殊待遇，那些因为自动化，或者因为消费者口味变化而失业的人怎么办？对此，有人会说，由于与贸易有关的失业是政策变革，而非市场自然流动的结果，因此政府对此需要承担一部分责任。

TAA虽然能争取到一些两党支持，但也不过是在一开始收获了一些噱头，后来便无人关注了。目前TAA仍然存在，虽说资金从未充足过，但至少确实为部分在全球贸易中利益受损的美国人争取过一些福利，民众还是普遍认为TAA并没有真正解决它本希望能解决的问题，更不会有人表示对TAA充满期待。劳工领袖理查德·特鲁姆卡（Richard Trumka）曾告诉我，他将 TAA 比喻为"镀金棺材"。如果资金更到位，TAA 也许会更受欢迎，但从多年来历任领导人不温不火的态度来看，大概是永远等不到这天了。显然，TAA 是这么多年来，美国为贸易中的输家所做出的唯一一点努力。距离肯尼迪总统提出这个想法已经过去了半个多世纪，美国却再也没拿出一个更好的解决方案来，而且从现在的趋势来看，大家似乎已经在向着另外一个方向前进了。

从目前有利于美国的角度看，对贸易中的输家进行补偿，或者干脆置之不理，都会让美国付出巨大的代价。特朗普把对美国"被遗忘的人们"的惋惜作为 2016 年总统竞选的核心，等于挖了一口充满了痛苦和不满的情绪的深井，人们放任这口井在没有阳光也没有解决方案的情况下逐渐发臭。在中西部城镇，本地工厂的嗡嗡声早已安静下来，"为 TAA 提供更多资金"这样的口号再也不能让人民买账。生活的方式已经改变了，这比那些消失的工作岗位带来的意义更深远。那些被时间、被技术发展、被贸易所侵蚀掉的尊严和目标感，是政府提供的短时工资补贴和短期培训课程无法弥补的。补偿——真正的补偿远不止这些，这句话适用于几十年前的美国，也适用于现在。

颠覆性剧变

在赢家和输家这个问题上，留给美国纠正错误的时间不多了，这是真正值得焦虑的。美国领导人选择性地忽视那些因贸易而利益受损的问题，对其他的经济变化视而不见，这绝对算不上是明智选择。而事到如今，这些领导人虽然没有解决问题，但也没受到什么惩罚。随着特朗普大肆利用民族主义仇恨，再加上前所未有的变革速度，这些人蒙混过关的好日子已经结束了。未来日新月异的自动化、技术和无缝的全球供应链，再也不会被人忽视。

近年来，全球化影响范围逐渐集中，带来的影响程度也越来越深。大部分关闭的工厂都集中在美国的中西部，矛盾也因此而起。绝大多数美国人从未在自己居住的区域经历过贸易的负面影响，所以大部分人没有认识到贸易很有可能成为一个严重的政治问题。但与此同时，贸易的"输家"往往集中在重要的选举州，如俄亥俄州、密歇根州、威斯康星州和宾夕法尼亚州，在总统竞选期间，这部分人的影响力将会成倍地疯狂扩大，对贸易的相关讨论和政策都产生了深远的影响。事实上，我甚至可以说，这是虽然大家都在讨论全球化，但却没有人在实际解决问题的主要原因之一。

但关键在于，美国经济的下一次剧变将和之前所有的都不同。人工智能会成为未来工作生活的主旋律，工作地点不再受限，不管是在纽约曼哈顿还是堪萨斯曼哈顿都无所谓。在技术和自动化顺利过渡到下一个阶段之后，人们的地理位置和上一份工作经历都不再重要，唯一重要的是：学历。很多美国人已经习惯了没有大学学位也能找到工作的日子，这个想法在未来恐怕没法站住脚。大家已经对机器人代替工人或自助收银机代替收银员的场景司空见惯了，但如果那些需要人们在高中毕业之后继续培训多年才能胜任的白领和高级工程师等岗位也这样呢？如果这些将来也被机器人取代，大家怎么看？受过高等教育的美国人在下一波技术进步中肯定不必担心失业，但这并不意味着每位医生、律师、会计师或程序员都能幸免。这种焦虑以及随之而来的紧迫感，是导致当今美国政治如此锋利的原因之一。

直面挑战的第一步是改变美国人的思维方式。所有人都需要坦诚面对未来几年的学习、工作和谋生方式。25年前，比尔·克林顿曾告诉美国青年，他们将在一生中"换8次工作"。但现在的年轻人要意识到，这一辈子要换的8个工作中，大部分在今天还不存在，也就是说很多工作目前还没被创造出来，尚不存在的未来岗位比例估计高达85%。我们唯一确定的只有大学学位再也不会是通往舒适稳定的中产阶级生活的终身通行证了，很多美国人也已经意识到了这一点。虽然未来仍然是个未知数，但要想做好准备，办法只有一个：永远，永远，永远都不要停止学习。

在不久的将来，大学将只是一个起点。你会明白为什么人们把大学毕业典礼称为"开端"[1]。在美国，教育将不再被看作年轻时所完成的事，不等于在18岁、20岁或22岁毕业之后就能一劳永逸。今天的世界正在以前所未有的速度更新换代中，旧的教育理念早已行不通。现实虽然残酷，但我们仍要学会适应它。很多人可能会对"终身学习"（lifelong learning）的理念不太感冒，但如果告诉我让我回到学校，比如说学习一门新外语，我肯定会吓一跳。其实终身学习的重点不在于学习，而在于"时刻准备着"（lifelong readiness）——美国前副贸易代表曾如是说。拥抱新经济，不是说让大家一辈子都坐在教室里，而是要求我们对新形势保持敏感，随时为培养新技能做好准备。大风暴来临时，人们都会储备好必备品；经济形势变化时，我们要储备技能。适应终身学习的趋势并不容易，但闭上眼睛逃避现实的后果将更不堪设想。如果美国没做好应对经济形势变化的准备，未来等待我们的不仅仅是经济落后或痛失全球领先的地位，并且随着低技能岗位的供应逐渐减少，政治形势和社会局面也将动荡不稳，导致数百万的美国人陷入困境，再无

---

1. Commencements，同时有"毕业典礼"和"开端"的含义。

工作收入、安全或尊严可言。以上只是对美国国内局面的预测，还未考虑到世界其他地区的因素，例如经济变化会导致新兴经济体所面临的压力增大、国外移民问题突出、全球局面不稳等。

总有一些声音说，是不是关上全球经济的阀门，就能回到过去的简单生活？这种想法确实安慰了很多人，甚至可以说不少人迫切地想要逆流回到过去，寻求避难。但这根本不可能。大家都想听到"你不用管，一切交给我"这种漂亮话，但事实是，脱离世界经济就像是身患重病的病人决定停止治疗一样严重。没错，什么都不做确实能在短期内避免一些痛苦，但却无法让未来蓬勃发展。全球化不是最终目标！美国拥有成为一个更强大的国家的有利条件——只要愿意吃药、坚持运动、健康饮食，为了健康的体魄做一些调整就能做到。

要想知道回到过去是什么感觉，可以去肯塔基州的派克维尔，这个有着7000人口的小山镇，坐落在大桑迪河的一条支流上。派克维尔距弗吉尼亚州和西弗吉尼亚州的州际公路非常近，是阿巴拉契亚的心脏地带。为了彰显原始生活状态，这里甚至举办了著名的"乡巴佬节"，每年都能吸引10万多名游客来感受这个偏远小山镇的音乐、艺术、饮食、文化和生活方式。派克维尔还有一个叫鲁斯蒂·贾斯蒂斯的家伙（不是我编的）。他是当地商人，像肯塔基州东部的同辈人一样，年轻时从事运煤的工作。贾斯蒂斯在2015年于派克维尔成立的公司网站上的简历中这样描述自己："一个热爱耶稣、家人、棒球和阿巴拉契亚的所有事物的乡下人。"我最惊讶的是，这个坐落在黑色煤炭和黄褐色尘土中的公司，竟然是一家具备尖端网页开发的软件初创企业——Bit Source。

就像汽车工厂定义了中西部上层人士世代相传的谋生和生活方式一样，煤炭就是上天赐予这里的礼物。当地很多人靠采煤维生，报酬相当不错，除了维生外，这份职业也给当地人带来了尊严、身份地位，还有对这片土地的感情。那后来发生了什么打破了原有的局面呢？不用猜，经济剧变。在派克维尔的例子中，贸易并不是罪魁祸首。美国人只是爱上了天然气，不仅能实现国内自给自足，而且比煤炭便宜、更清洁、储量更大。鲁斯蒂·贾斯蒂斯意识到了这个不好的苗头，发现煤炭业要被这个瞬息万变的世界抛弃了。但派克维尔没必要自怨自艾，贾斯蒂斯与一个在煤炭行业工作了40年的商业伙伴合作，集思广益创办了一家新公司，不仅没被经济变化的巨浪打翻，还成功地在新经济中乘风破浪。

派克维尔的地理位置不利于发展实物运输经济——偏远且多山，不管把产品从哪儿运到哪儿都做不到经济实惠；该镇的教育水平低，失业率高，但贾斯蒂斯知道这里的人都勤劳肯干，愿意解决问题——毕竟这是从事煤炭行业的基本要求。贾斯蒂斯在参加了附近的职业培训会后，决定与合伙人一道从事编程。经过训练后，勤劳肯干、愿意解决问题的员工可以在全国各地工作，不受区域限制，另外，这个行业需求量大，零运输需求，并且几乎没有因经济变化而很快被淘汰的风险。

于是，小镇西部边缘的一个废弃的砖砌可口可乐工厂成为贾斯蒂斯的办公区，屋顶上的软饮标志还在，在时间的冲刷下已褪色变白。贾斯蒂斯为自己的新公司贴出分类广告——在派克维尔招聘员工，近1000人提交了申请。Bit Source公司利用一项对个人编码能力衡量的测试，最终选出11名员工。这些人都曾经是运煤工，但都具备在基础培训之后成为合格的程序员的潜力。就这样，在支柱产业濒临死亡的时候，这个小镇却向新身份迈出了一步，当地人现在称之为"硅田"（Silicon Holler）。

Bit Source公司作为区域成功的典范赢得了众多的关注，它做到了 TAA 没做到的事情：帮助工人从陈旧、低技能且濒临灭绝的行业中无缝过渡到高水平、高科技的服务行业，收入水平与之前持平，甚至更高。这就是解决贸易中"赢家和输家"问题的理想方案——贾斯蒂斯这位本土企业家给出的解决办法不需要政府介入重新分配贸易收益。虽然 Bit Source 公司很励志，但鲁斯蒂·贾斯蒂斯和他的程序员团队拯救派克维尔的模式能否在全美推广，这仍然是个问题。

至于能否成功复制，部分取决于那些没能赶上新经济快车的落后煤炭城镇、钢铁城镇等地区的劳动力的适应能力。贾斯蒂斯能够从本地数百名失业矿工中雇用 11 名最有潜力成为程序员的员工，但谁知道剩下的人谁有能力实现类似的飞跃呢？派克维尔模式的另外一个关键在于城镇发展高科技领域的能力，这是值得当地政府关注和投资的。2017 年，该州政府为了改善农村地区网络质量，在当地建造了宽带"小屋"，派克维尔这才有了稳定可靠的宽带互联网。在美国各地的农村区域中，2017 年才实现全面通网并不罕见，很多地区之所以没能吸引到或没能继续维持业务和投资项目，部分原因就是缺乏必要的数字基础设施。有多少像 Bit Source 这样的种子企业，虽然具备了 21 世纪经济的思想、人才和意志，但却被 20 世纪的网络技术困在原地，我们无从得知。

讽刺的是，这个问题兜兜转转，又毫不意外地回到了政治和文化上。2016 年夏季，当时的总统候选人希拉里·克林顿推出了历史上最雄心勃勃的网络覆盖计划："普及宽带"（broadband-for-all）提案，计划将在 2020 年为每个美国人提供稳定的互联网。全美 96%的城市居民已经享受到了便捷的互联网服务，如果你居住在城市或者城市附近这些报道总统竞选的媒体所在区域，大概都不会注意到这条提案。但别忘了，还有约 40%的美国人生活在像派克维尔这样的农村中，没有宽带意味着他们缺乏创办以技术和服务为基础的企业的基础条件，说白了，这是任何依赖互联网的企业（在今天也就等于所有企业）的前提。希拉里还计划让联邦政府对计算机科学教育方面的投资增加一倍，为科技初创企业释放资金，让转行到新行业的工人也能享受到福利，计划为创办科技企业的人延期偿还学生贷款，并制定了一项鼓励城镇创办"模范数字社区"的项目。相比之下，另一位候选人特朗普并没有提出任何农村互联网计划，并且还在一次竞选活动中说："我们必须得见见比尔·盖茨和那些真正明事理的人……得跟他们聊聊，比如在部分地区，有必要以某种方式关闭互联网接入。"

那么最终是谁在 2016 年赢得了肯塔基州的选举呢？特朗普，他以 30% 的优势战胜了希拉里。而在派克维尔所在的派克郡，特朗普对希拉里的支持率达到了 80% 比 17%。很少有人注意到，白宫 2018 年向国会发送的预算中计划取消阿巴拉契亚地区委员会，而这个委员会正是负责投资数亿美元专门用于帮助煤炭地区振兴经济的政府机构。特朗普在 2019 年的预算提案中完全取消《农村经济发展贷款与赠款计划》（*Rural Economic Development Loan & Grant Program*）和拥有 55 年历史的经济发展局（Economic Development Administration）。如果煤炭和制造地区的发展陷入困境，经济发展局会相应给予联邦配套资金来促进当地的发展。

目前，对于像派克维尔这样的地区来说，身份政治仍然是最主要的政治气息。对于大部分当地民众来说，对煤炭以及它所代表的传统、历史和身份的情感，不是一个政客的承诺就能轻易打消的。不过，本地的开发解决方案与州和联邦投资项目相结合，或许是通向未来的一张门票。"肯塔基州东部集中就业计划"（The Eastern Kentucky Concentrated Employment Program）是一项针对个人就业的项目,旨在对23个煤炭县的工人进行再培训。在美国劳工部的拨款支持下,该计划引导下岗矿工过渡到新职业,资助他们重返学校,并且提供在职培训期间的补贴。正是在这个计划中,鲁斯蒂·贾斯蒂斯招聘到了第一批 Bit Source 的程序员,该公司正与成千上万的肯塔基州人民一起努力从煤炭行业过渡到更可靠的技术领域的途径。今天,肯塔基州东部集中就业计划与当地的社区大学合作举办代码训练营,推出 IT 技能培训在线课程,并在阿巴拉契亚地区推广技术工作的知名度,让更多的民众了解到这种靠谱的就业方向。在这样一个不愿信任联邦政府的地区,还是最好不要告诉大家这些新就业岗位的钱是由谁提供的比较好。

虽然现在还不能确定"硅田"能否振兴派克维尔,但至少已经有了一个蓝图。安库·戈帕尔(Ankur Gopal)是肯塔基州的本地人,他在2011年创立了自己的科技初创公司 Interapt。安库被 Bit Source 的故事深深打动,并按照同样的思路创建了一个名为"肯塔基东部技术人才招聘"(TechHire Eastern Kentucky)的项目。2016年,他的第一个"毕业班"结业,班里的35名编程学生中包括了失业矿工、便利店收银员和比萨送餐员。经过24周的授课和8周的学徒工作之后,这些学生成了应用程序设计师和软件工程师,之前当工人时的稀薄工资已经被新工作可观的年薪取代,而且他们不必为了更好的生活而离开家乡去大城市。这些人将自己的技能、可支配收入和对未来重新燃起的希望带回到了肯塔基州东部的家乡。另外90名当地工人于2018年开始接受培训,安库希望学生数量能随着培训项目不断发展而不断增长。但在这样一个鼓舞人心的故事背后,仍然隐藏着复杂的政治。安库只有在说服肯塔基州的共和党州长马特·贝文和当地的共和党议员哈尔·罗杰斯,让他们通过游说联邦政府争取资金支持后,才能成功启动计划。后来阿巴拉契亚地区委员会拨款 270 万美元，肯塔基东部技术人才招聘项目顺利启动。对，就是特朗普上任之后一直想要取消的阿巴拉契亚地区委员会。

那些被技术、时间和贸易取代了工作岗位的美国工人的未来是什么样的？实话说，我也不知道。像 Bit Source 这样的公司，"肯塔基州东部集中就业计划"之类的项目，以及如"肯塔基东部技术人才招聘"等想法，都证明了以积极的方式解决贸易中"赢家和输家"的问题是可行的，但能否保证长期成功还不一定。敏感的政治问题、文化和身份认同问题突出、基础设施仍然落后，我们不知道目前的解决方案是否可以应对未来更严峻的挑战，但不能否认的是，和政府的 TAA 相比，它们确实带来了前所未有的曙光。

这些学徒制、技能教育项目和再就业培训模式已经改变了小部分失业工人的状况，而且积极的一面是，虽然这些措施没办法彻底解决问题，但至少让人们对待学习和工作的看法开始发生转变。肯塔基州转变的关键词是适应力。很快，在人工智能和自动化的加持下，全美各地也将开始适应新形势。编程工作将在潜移默化中改变人们的生活，已经从矿工过渡到编程工程师的人再也不会回到最初的起点，新习得的技能给予了他们在 21 世纪中各行各业都需要的竞争优势：走出校门多年之后，仍然具备学习技能的能力。在不断发展的经济当中，具备灵活适应环境的思维和能力至关重要——不管是被市场淘汰的矿工，还是因贸易发展而失业的工人，还是有可能在下一次技术剧变被影响到的所有人，这句话都适用。

第十一章
拿什么拯救贸易

西部联盟电报公司前总裁威廉·奥顿（William Orton）在1876年1月写道："这种'电话'问题太多，无法成为一种严肃的交流方式。"著名的华纳兄弟影视公司创始人之一哈里·华纳（Harry Warner）感慨："难道有人想听演员说话吗？"[1] 同年，艾尔·乔森（Al Jolson）的《爵士乐歌星》（The Jazz Singer）席卷好莱坞。20世纪福克斯影片公司的创始人之一达里尔·扎努克（Darryl Zanuck）在1946年曾预言电视机不过是一时的风潮，他认为"人们很快就会厌倦每晚盯着胶合板盒子一直看"。三年后，《大众机械》杂志提出了震惊大众的观点："未来的计算机可能只有1000个真空管，重量大概只有1.5吨。"历史快进到1995年，当时的互联网先驱、3Com创始人罗伯特·梅特卡夫（Robert Metcalfe）认为"互联网将很快成为超新星，并在1996年发生灾难性的崩溃"。在1997年的一次会议上，梅特卡夫将自己的那篇灾难预言专栏杂志塞到了搅拌机里粉碎，此举吸引了众多人的关注，并且观众也非常开心看到，梅特卡

---

1. 在无声电影时代，哈里固执地认为电影只是视觉赏析作品，没有人想要听演员说话。

夫被自己曾经的预言打脸了。最近,著名的咨询公司麦肯锡公司在 2007 年预测,iPhone 的全球市场潜力可能高达 2000 万台(在此之后售出了 10 亿台),而 2005 年 YouTube 联合创始人史蒂夫·陈曾对自己的公司充满怀疑,感叹道"我想看的视频也没那么多"。

在此引用约吉·贝拉的一句话:"预测很难,特别是预测未来更是难上加难。"我对此也深感愧疚。20 世纪 90 年代,我还在莉莲·弗农公司工作时第一次接触到电视购物,我的第一反应是:"能通过打电话,和对面的人进行交流订货,这可真是个好主意!"但其实我错了。回顾当年这些糟糕的预测,并不是要嘲笑曾做出这些预测的人很愚蠢,而是提醒大家,人类在展望未来时,想象力是多么有限。未来永远都会比我们以为的要大胆、更有趣——当谈及我们今天对未来的预测时,我只坚信这一点。为未来做好准备,去迎接一切有可能出现的挑战是这个时代最重要的事。这意味着我们要拼尽全力地去为变革做好准备,接受"时刻准备着"的建议,提升自己的适应能力。当未预料到的情况发生时,积极地面对所有的新思想、新方案。

在我考虑何种战略最适合当下的美国时,会想起奥巴马总统曾针对美国能源的未来说过的话。虽然民主党人一直坚定地站在清洁可再生能源这边,但奥巴马却反复声明他支持他称之为"所有"的方法。奥巴马认为美国面临的挑战严峻,情况复杂,不应该局限思路。从能源角度看,这意味着风能、太阳能、核能、化石燃料和其他能源都不能放弃;从经济未来发展角度看,这将意味着要得到联邦和州的项目支持、当地政府和私营企业的参与,以及教育机构及智囊团出谋划策等。在能够准确把握未来的经济动向之前,我们不应该过早限制思路,过度依赖于当下的预测。正确的做法是,我们要认真对待任何有可能让劳动力的适应性更强、经济发展更有持续性、能让人民更好地抓住眼前的机遇的好想法。

其实美国早就应该在全球贸易中这样做了，如果能从一开始就让美国工人具备"时刻准备着"的能力，这么多年的负面影响大多或许可以避免，还能有更多人享受到贸易带来的好处，让美国更顺利地脱离陈旧产业，并防止人们对全球化产生反感。但现实却是，美国损失了工作岗位，工人失去了饭碗。我们从来没告诉过大家要为无法避免的改变做准备，而是盲目鼓励人们抓住时代发展的潮流，安慰民众说生活如常，不会改变。而在城镇被掏空、工业崩溃时，剩下的都是那些根本不知道要为剧变的未来做好准备的民众。政客们从来不会警告大家，反而画大饼说过去的好日子还会回来的……说生活变糟糕都怪有色人种还有移民……还说未来不会再发生改变了，大家只需要打起精神，过好自己的日子就行。

但是，永远不变的只有变化的步伐，世界也不应该停止变化，我们要做的只是准备好充分利用它。好消息是，美国不用从零开始。我们已经有一些创新解决方案，并且曾在部分城镇、州和地区试验过。有些创新是基于新技术的应用，有些是着眼于加强员工流动性和敏捷性的政策调整，还有一些社会战略是帮助人们适应未来以非劳力工作为主的新环境。而以上这些的共同点在于，它们都回答了一个目前尚未存在的问题——在我们与这个问题撞个满怀之前，没有人能说得清它的真面目。如何为未来的经济做准备？如何预测它的全球规模、所有未知因素及变量，以及它将会给生活在未来经济的人们带来什么样的未知影响，人们又该如何应对？美国把大量时间和精力都花在拒绝承认或拖延承认经济变化、技术进步和全球互联所带来的影响上。在基础设施和教育系统发展停滞不前时，美国坐视不管；现实摆在面前了，美国视而不见。如果在不可避免的改变到来时，美国能够结合自身优势，抓住机会，积极变革，那么从长远来看，我们还可以重建中产阶级，并在未知的前方走出一条可持续发展之路。

那么，从长远出发解决问题的思路应该是什么样的呢？以费城市议会为例，该议会在2019年2月对目前越来越多拒收现金的商铺采取措施。对于许多店家来说，无现金模式是一种提高效率、减少顾客等候时间、降低自身被抢劫风险的好方法。然而，从城市整体的角度来说，这种模式会带来不公平的现象：很多低收入的本地人没有信用卡或储蓄卡，因此被追求效率的无现金消费的商店拒之门外。市议会最终以12∶4的投票结果要求所有零售店和餐厅接收纸币。实际上，这一问题是科技和文化发展所带来的不可避免的趋势，但市议会却强迫商家重回传统模式。而从长远角度出发，面向未来的解决方案应该是什么样的呢？是不是可以考虑通过政府项目从而让每位费城居民都可以轻松快捷地办理一个基本的银行账户来解决问题，而不是强迫商家重回传统的收银方式？在不可逆转的大趋势面前，政府本可以协助居民进入无现金时代的。

从社会整体角度来看，我们每天都面临类似的问题，正确的做法应该是让自己从适应未来的角度去解决问题，而不是墨守成规，故步自封。这一思路适用于城市零售业政策，也适用于国家的贸易政策，但特朗普一而再，再而三地选择关税这种过时的倒车方案来解决贸易问题。当然，未来肯定是一个无现金的时代，但也是一个全球化的时代。无视现实，虽然会带来暂时的舒适——停留在过去的旧办法中不用做任何改变，但别忘了，其他国家已经弃美国而去，大跨步地奔向更光明的未来。

就像在探险时代、工业化刚刚萌芽的时期，以及现在的信息化时代一样，美国必须扔掉旧的地图，再迈向新一步的冒险。前文已经讨论过，在未来变化的新世界中应该如何做才能让人们振作起来,比如补偿在贸易中利益受损的社区,为煤矿工人转型成为编程工程师提供培训课程,培养终身教育的新学习理念等。对所有国家来说,眼前的难题都是躲不开、逃不过的拼图,复杂程度前所未有,必须多方协作、创新互助,才能共同拼凑出完整的风景。大家可以先从搁置意识形态差异入手:左派人士需要承认政府没办法单独解决这个问题,而右派人士必须接受市场不可能单纯地以"可接受"或"人道"的方式解决所有问题。"一刀切"的方式肯定也行不通,比如有些方法在农村地区效果更好,有些可能更适合年轻人等。在此引用前国防部长拉姆斯菲尔德(Donald Rumsfeld)的一句话,我们不仅要直面所有"已知的事实"将带来的挑战,例如技术不断进步、竞争对手的经济不断成熟等,还必须解决许多未知或仅部分已知的事实。

在这些未知数中占据最主要位置的是美国政治。美国国内的政治环境将决定未来几年的走向,事关美国能否有责任、有担当地走向未来,而政治环境在其中所扮演的角色,要么是一个巨大的推力,要么是一个巨大的阻碍。即使清楚地知道如何解决贸易中赢家和输家的问题,知道如何让国家避免剧变所带来的冲击,我们也很难做到。背后的原因很简单,美国的政治制度就是这样,即使是大多数人都同意,而且没有任何问题的解决方案,到头来还是很难通过。就算有大量的数据支持,大部分人都达成了共识的议题也不例外,比如投资早期教育、培养气候适应力、重建基础设施,等等。如果美国一直身陷意识形态争吵或内斗之中,那将再也无法追赶上近在咫尺的经济变革浪潮。现在还可以改变吗?当然可以。选民应该坚持让政策落地,选举出与民众同一战线的领导人上任;从政人士应认识到挑战的严峻性并达成工程。一切都可以改变,如果美国在未来还希望继续占据领先地位,改变势在必行。

而未知的挑战也很多。美国无法预测下一次的技术突破，无法判断下一次人工智能的进步是否会让美国一半的会计师、IT 专家或平面设计师失业，会不会突然有新技术横空出世，导致所有的验光师全部丢掉饭碗。麦肯锡全球研究院发现，到 2030 年，科技发展将导致全球 30%的人工岗位消失，迫使多达 3.75 亿人更换职业类别并学习新技能。现在我们知道了有 3.75 亿人口需要学习新技能，或许可以针对这点做出一些规划。但大家首先要做的是做好准备，所有人都要为未来做好准备。

如果说大家认为上文的数据不够震慑，至少有一点是肯定的：未来肯定会给我们带来更棘手的问题，只是我们还未想象到而已。有些事件我们无法预测，虽然在事后也能解释得通，但就是无法预见的。比如所谓的"黑天鹅"事件，指的是突然发生、让人完全措手不及，并且在发生之后改变了一切的事情：例如第一次世界大战的爆发、互联网的诞生或"9·11"恐怖袭击事件。根据定义，人们面对黑天鹅事件，除了对其发生的可能性保持开放心态，认识到一件事可能改变整个世界外，就束手无策了。一项能立即供人类使用的清洁、廉价、可再生能源的新技术？灾难性的网络安全故障？在地球之外发现生命？谁知道未来可能会发生什么变化，以及这些变化将如何颠覆全球经济。除考虑如何更好地为未来的经济做好准备，并为此制定相关贸易政策之外，我们还要意识到，即使是再周密的计划，也可能会被可预见或不可预见的事件完全打乱。

幸运的是，至少在顺应力和适应力上，美国还是有些优势的，这不是一句假大空。19 世纪中期，就在第二次工业革命爆发之前，一半以上的在职美国人从事农业工作。一个世纪后，这一数字下降到了 5%以下，这时最受欢迎的工种是汽车修理、配电盘操作和长途卡车运输等，19 世纪 70 年代的农民肯定觉得这无法想象。关键是，美国之前已经经历过这种大规模的工作变迁，并且在适应之后迎来了更多的工作岗位和更大的繁荣。而这一次唯一的区别在于，美国必须得加快脚步了。

这次受到威胁的，不仅仅是美国的经济繁荣，还有国家与全球的稳定，甚至国家安全也被牵扯其中。根据布鲁金斯学会（Brookings Institution）的一份报告，如果人工智能和自动化给就业市场带来的危害如预测的一般严峻，那么美国将会步叙利亚或伊拉克的后尘，武装部队的年轻人除了战争、暴力或盗窃，几乎没有任何就业前景。这是来自布鲁金斯学会的预测，别不当真，这种智囊团一般不会为了夺眼球而故意发布戏剧性的言论。不管可怕的未来是否会来，至少美国可以确定：美国的劳动力、政策、学校、城市和社区都做好充分的准备，才能在未来变化的浪潮来临时，乘风破浪，而非随波逐流；只有这样才能让人民幸福，才能让社会有生产力。

我手里并没有答案，也相信不可能有人能给出所有的答案。在进一步了解未来几年内的技术、发展趋势及大众品位将给经济带来怎样的影响之前，美国能采取的最佳行动就是不断通过新观点实验、创新，提高自己的适应能力；最不应该做的就是在变化面前措手不及。虽然美国无法避免错误地判断变革产生的速度和变化形式，但变革肯定会发生。诚然，贸易创新和技术创新对美国乃至全世界都至关重要，但弊端也不容忽视。过去，贸易和技术发展带来的某些影响就像小彗星撞地球，局部灾难永远不会让未受影响的大多数人偏离正常生活轨道。但下一次类似情形发生时，不管是以何种形式，其后续影响都将更像是一颗巨大的小行星袭击，将我们撞离正常生活的轴心，迫使所有人重新调整看待生活和生命的观点。

那我们应该怎么做？首先，从自己做起。"时刻准备着"意味着对自己的未来负责，就像在飓风来临之前储备食物一样，我们也要储备好技能，以备不时之需。其次，大家也不能忘记，我们是一个整体，没错，我们要为自己做好准备；没错，我们还要团结一心，共同跨越难关。美国需要团结起来，直面挑战，迅速地为未来做好准备，有必要从思想和情感上做好准备，让自己的生活方式和文化也能适应时代的变化。做到了这一点，接下来我们就可以一起探讨公共部门、私营企业和全球贸易中的解决方案，而全球贸易则是最有望能引领我们走向未来的路。

反社会群体

当所有人都在等着自己未来的工作被创造出来时，政府就不必等了，不如现在就着手保护已有的岗位，保住民众的工作。为了适应未来的发展，可以先从革新社会保障开始。社会保障[1]，就像高空走钢丝的演员和表演空中飞人的杂技演员使用的安全网一样，对于维护社会稳定至关重要。这是事实，但美国现在在经济上遇到的不可预测的逆风强度前所未有。然而，解决好社会保障却面临着巨大的国内政治挑战：只要是提到"社会"这个词就能惹怒诸多美国人和代表他们利益的政客。从20世纪30年代的社会保障到20世纪60年代的联邦医疗保险（Medicare）和美国医疗补助（Medicaid），再到2010年的平价医疗法案（Affordable Care Act），每次新的社会保障一推出，就会遭到一部分人的强烈反对。只要政府推出了旨在保护贫困群体的项目，就会自动被认为是可疑的，这仿佛已经成了

---

1. social safety net，直译为社会安全网。

美国的传统。国民的血液里肯定流着顽固的个人主义和自由市场的基因，一听到当人们老了、病了或被开除了之后政府要伸手救济的消息就气得炸毛。

鉴于未来几年经济动荡的规模可能还会继续扩大，美国民众有必要克服这种过激情绪，实际上有证据证明，类似情绪正在逐渐缓和。"全民基本收入政策"（universal basic income, UBI）背后的思路是，不管公民从事何种工作，或是否从事工作，政府都需要向每个公民支付一定数额的基本工资。短短几年前，UBI还被认为是极左派提出的附加提案，但随着被人工智能替代的岗位数量越来越多，前景越来越严峻紧迫，UBI飞速进入主流视线。2018年2月，盖洛普民意调查显示，48%的美国民众支持向那些因科技发展而失业的工人实施基本收入政策——显然，大多数美国女性、受过大学教育的美国民众、35岁以下的群体持相同意见。调查还显示，将近一半的人愿意缴纳更高的税款，用以作为支付因人工智能而失业群体的基本工资。而80%的人支持以比尔·盖茨为代表的部分人的想法：对于从事研究取代人力的相关技术的公司征收"机器人税"以支付给UBI。

顺便提一句，"机器人税"的理念来源于尼古拉斯·卡尔多和上一章中讨论的英国《谷物法》。当时英国在购买食物方面节省下来的资金可以用来补偿因谷物进口而利益受损的国内农民，机器人税也是同样的理念：如果公司因为通过人工智能代替人力而大幅获利，那么其中的部分收入可以用于补偿因此被辞退的工人。无论UBI是否算是一个明智决定，但绝对是好的迹象，至少表明美国正在逐渐接受这个概念：面对技术革新可能带来的经济困难，如果希望届时能得到一些经济援助缓解压力，现在就要付出更多努力、花更多的钱。从社会角度去看，美国民众对社会保障制度的接受度要比食品券更高，部分原因可能是，对大部分人来说，想象自己的老年生活要比想象自己赤贫的状态更容易。在过去的几年中，支持UBI的人数也有大幅增加，可能是因为现在有更多的人能想象到自己被技术发展所取代的场景，换句话说，他们有可能会需要UBI的帮助。归根结底，我希望未来的世界是一个不需要民众依赖UBI这类计划的世界。从人类的本质角度出发，我们希望提高生产力，这也是人之所以为人的原因之一。所以，我更希望人们在未来还有工作可做，并且工作还能带给人们尊严和方向感。这个未来能实现吗？没人说得准，这就是为什么UBI政策仍然有被保留的意义。

各级政府部门也在积极探索其他社会保障的方法，例如，许多经济学家已经开始主张更改支付失业保险的方式。通常，人们丢了工作，政府会像发薪水一样按周或按月分期发放失业救济金，但现在有些经济学家认为，这种发放方式可能会让失业人群长期依赖政府救助，不会自己主动找工作。如果能够一次性支付所有失业保险金，那么失业人群将会拥有更多的资金自由去做一些必要的重大改变，也能鼓励他们尽快地考虑其他谋生方式。如果失业者只能像现在这样按周期领取小额赔偿金，他们只能一边慢慢攒钱付房租、买生活用品、等下一笔赔偿金到账，然后一边在当地的工作招聘版面投简历。而一次性支付可以让失业者有能力报名参加职业培训，或者根据自己的意愿把这笔钱投资在就业前景更明朗的行业。总而言之，这一笔钱能让失业者的流动性和灵活性更强，也拥有了对未来的掌控权——我们都知道以上这三点对于一个人的长期发展来说至关重要。此外，一次性支付还能让更多失业的工人和零售店销售员把失业金用于准备新工作，不用像过去一样只是每个月维持生计。最重要的是，只要简单修改一下政策，以上的假设就能成为现实，至少值得一试。

除此之外，还有很多类似的想法值得研究和尝试，帮助人们"转危为机"，迎接变化。比如针对可能因贸易或自动化发展而失业的工人，提前进行有针对性的工资补贴和税收减免，鼓励工人在失业之前学习新技能来武装自己；工资保险能够帮助很多被迫从事低薪工作的人获得一部分工资差额的补贴，让他们有更多的时间和精力为下一份更好的工作做准备；事实证明，"收入所得税抵免"政策能够降低美国最困难社区的贫穷程度，并且有可能在将来传统杠杆（如提高最低工资标准等）不够用的时候，帮助到更多的美国人。并非每一种社会保障在应对未来挑战时都能如此激进大胆，也不是每一个新想法都能按照人们预期的方向发展，但在这个过程中，努力肯定会带来改变，也肯定会带人们走进一个更好的未来。而且坦白来说，不管大家对"社会"项目持怎样的反对态度，在这样的一个历史节点，我们都需要铸造一张强大而广泛的安全网，因为变革的速度比以往任何历史时期都要迅猛。但未来究竟如何，谁也给不出答案。

2008年，哈佛大学经济学家罗伯特·劳伦斯和阿卡什·迪普针对因经济变革而陷入困境的社区开创出一种创新的社会保障解决方案，非常值得一看。通常来说，工厂倒闭后会导致大规模的失业，城镇受重创并因此进入恶性循环，这就是两位经济学家研究的重点。如果一个有2.5万人口的小镇的汽车厂关闭，在工厂工作的该镇四分之一的人口将首先受到最严重的打击，但后续的连锁反应也将像涟漪一般散开：苦苦挣扎在温饱线的家庭无力光顾当地的商店和餐馆，大街上一片漆黑，税收锐减也同时意味着可用于当地学校和社区项目的资金减少了，下一代的发展前景暗淡，并为犯罪、毒品和社会问题的滋生提供了温床。劳伦斯和迪普的提议并不会挽救汽车工厂，但却能在整个小镇沦陷之前，结束这个恶性循环。它被称为"税基保险",能通过美国人熟知的政策帮助社区防范突发的经济冲击。

洪水保险能够扛过灾害,汽车保险能赔偿事故损失。当出现大规模失业时,税基保险则能起到相同的作用。地方政府不必在工厂关闭时任由其陷入困境,而是可以购买公共或私人保险计划。就像人们购买医疗保险一样,地方政府支付保费,而回报则是当贸易、技术或其他因素的发展导致税基锐减之后,政府能够获得大量资金补偿。这笔钱能够弥补一段时间内的部分税收损失,争取到一定的时间稳定预算,并通过投资帮助本地居民创造新的工作岗位。税基保险不能让倒闭的工厂起死回生,但却可以消除因动荡和当地经济衰退引起的次要危机。其中部分资金可用于培训下岗工人的新技能,部分资金可以用来激励新业务的发展。这样一来,消防员和老师等必要岗位也无须因为预算短缺而裁员。在过去的10年里,这一机制本可以拯救众多经济萧条的城镇,但事实上,出于某种原因,这一提议现在还未在美国推广开。

但这时候美国民众就应该庆幸生活在一个联邦制国家,这里有着50个试验新想法的实验室,其中最小的实验室可以在罗得岛州找到。罗得岛州前州长吉娜·雷蒙多(Gina Raimondo)是我的朋友,她曾在那里大胆地进行试验,把企业需要的技能作为最大的需求,为此量身定制新的职业培训计划。也就是说,罗得岛州正在根据实际已有的工作岗位或公司期望获取的人才类型,相应地制定出匹配的职业培训课程,结果也非常乐观。雷蒙多于2014年当选,当年罗得岛州的失业率全国排名第二,仅仅四年之后,该州的就业率从全国的第40位上升至全国的第27位,失业问题解决了一半。当然,就业局面好转的背后有着多重因素,但其中最大的贡献者,毫无疑问正是雷蒙多在上任之后就一以贯之推行的战略职业培训计划。

雷蒙多作为州长发起的一些计划也可以在全国范围内推广。需求驱动型的计划，例如罗得岛州于2015年启动的"罗得岛州真正就业计划"（Real Jobs Rhode Island），鼓励私人企业一起参与进来，帮助开展技能教育，对政府投资进行负责任的指导。在海滨小镇韦斯特里，该州政府与一家有着百年历史的潜水艇制造商通用动力电船公司合作，实现资源调配。罗得岛州政府在附近建立了职业培训中心，与该公司合作推出系列课程，既能满足通用动力电船公司的物质需求（例如管道装配和焊接），又可以满足现代船舶的高级IT需求。在不到三年的时间里，就有1800名当地居民进入培训中心学习，随后被通用动力电船公司雇用。"罗得岛州真正就业计划"在本州的其他地区也进行了推广，建立了32个由用人单位主导的培训合作伙伴关系，共有430多家当地企业参与。这一计划的目的就是确保求职者学有所用，能够将所学到的技能直接转化为家附近的正式职业。

雷蒙多同样关心下一代的成长，在她任职期间，罗得岛州启动多个让各个年龄段的儿童为未来经济做好准备的培训计划。在雷蒙多任职初期，罗得岛州公立学校的学生中只有1%参加了计算机科学课程。后来在CS4RI计划（罗得岛州计算机科学）的推动下，到2018—2019学年结束时，该州所有公立学校的全部年级都提供计算机科学课程，很多学校从幼儿园开始就教授孩子基本的计算机知识。另一个PrepareRI计划（罗得岛州做好准备），是将本地的高中生与包括科技行业在内的多个行业的实习和学徒培训项目相匹配，参与该计划的在读高中生如果需要就读大学课程获取学分的话，无须支付任何学费。

当然，在罗得岛州行之有效的方法不一定在蒙大拿州、威斯康星州或纽约州行得通，但迄今为止的结果表明，这种跨越多个年龄段、政企结合的项目确实能够提振当地的就业市场。像这样的创意程序可以覆盖几代人，实现与企业界互动，提升当地劳动力的质量。前众议院议长保罗·瑞安曾对我说：民主党人希望将一切联邦化，而共和党人希望将一切本地化。也许最好的解决方案是建立一个以上两种方式能够各自发挥所长的大框架。

州政府和地方政府的工作重点是提升民众的技能和适应力，而联邦政府则是努力将一部分地区取得的发展成果通过投资的方式引到最需要它们的地方。其中一个例子就是2017年推出的"机会区"计划（Opportunity Zone），这是由共和党参议员蒂姆·斯科特、民主党参议员科里·布克、前共和党国会议员帕特·蒂贝里和民主党国会议员罗恩·金德共同提出的两党合作理念，要求各州州长根据高贫困率和低家庭收入中位数等因素规划出本州需要投资的社区之后，上交美国财政部，并由该部将全美近9000个社区（约占总数的12%）规划为机会区。在认证成功之后，任何美国人在该区域创业、建新房屋或以其他方式在此投资，都将享受丰厚的税收优惠。从历史角度来看，这一政策可以说是相当有吸引力了。史蒂夫·威尔伯恩是我在美国进出口银行工作时结识的一位企业家，他是一家名为FirmGreen的绿色能源小型企业的首席执行官。史蒂夫打算抓住机会区的机遇，他说："如果不是这种税收优惠的投资结构，我们不可能在低收入地区开展项目，对于我们和我们所服务的社区来说，这是一个双赢的结果。"

机会区计划背后的理念毫无争议，虽然美国的经济自2008年金融危机以来就在不断强劲反弹，但在复苏的前五年，所有新创造的就业岗位中，有一半都集中在73个郡当中，而全美共计有3000个郡。当我们如今谈论"美国的经济实力"时，其实我们谈论的是美国城市的实力，而城市的发展主要是得益于受过良好教育的劳动力和先进的基础设施所带来的增长收益，还有自由流动的投资。在失业、国内生产总值、新业务发展或其他任何我们关注的国家趋势中，农村地区和城市的发展状态完全不同。对于上千万的美国人来说，21世纪最初10年的就业热潮听起来就像一个遥远的传言，他们眼前的现实是：受教育程度停滞不前，没有人愿意将钱投入新房或新企业，机会渺茫，越来越多的人诉诸鸦片类毒物排解，毒品成瘾的人数飞速增加，加剧了悲剧。而这正是机会区寻求帮助的区域，虽然现在还不能确定政府的税收激励措施是否足以吸引到高质量的投资，带这些地区走出困境。投资者当然喜欢减税，但他们更需要受过良好教育的工人、优质的当地学校、稳定的宽带条件以及其他先决条件，然后再考虑是否在该社区投资。

但至少美国人已经开始意识到美国的机会是不平等的，也知道了这对经济和政治发展来说是一个多么大的不稳定因素。在尚未将资金不足的学校、崩溃的基础设施及数字基础设施、人民生活质量水平下降以及飙升的毒品成瘾率等因素考虑在内之前，机会上的不平等已经带来了巨大影响。而当这些因素叠加起来之后，将带来更严峻的后果：大多数企业家会避免在教育水平低下的地区建厂创业，这意味着未来该地区的就业岗位会越来越少，就更难获得改善学校质量的资金。用于发展少年棒球队和社区中心的资金越少，就会有越多的年轻人放弃学校或职业培训中心，转身陷入不良习惯的泥潭，不仅危害自己的生命，也让能够进入为地区盈利的行业的劳动力越来越少。长此以往，这些社区将会越来越不稳定，人们更容易习得极端政治理念，导致现有的政府解决方案危在旦夕。机会区或其他政府计划是否成为打破这一恶性循环的第一步，只有时间能够告诉我们答案。

公 司

首先声明，我是一个彻底的资本主义者。我认为不管是联邦政府还是地方政府，都无法靠自己彻底解决这些问题，而相比来说，公司在这个领域拥有很强的决策权：发明节省人力技术的是公司，公司会决定何时招聘、招聘谁、用新技术来替代哪些员工等。公司也做出很多与进出口相关的决策。当然了，公司做决定的时候也不可能全无依据，他们通常着眼于如何实现利润最大化，在市场上保持竞争力，有时也会考虑因员工失业而带来的声誉风险等。虽然说贸易政策都是由政府制定的——这确实给劳动力市场带来了重大影响，但在很大程度上讲，经济变化速度的步伐快慢更多地取决于私营企业的决策者们。

从政府层面来看，民众拥有选举权，如果领导人作出违背民意的决定，民众能够行使权利将总统票选下台；而在私人企业面前，民众所拥有的只有消费者的权利：消费者可以奖励商家，也可以拒绝商家，这些都将影响公司的行为，消费者的影响力可以说非常强大。消费者团结起来向商家传递我们的集体价值观，就能迫使麦当劳和肯德基等餐馆停止销售经过抗生素处理的鸡肉和牛肉；能发起一场"公平贸易"的咖啡革命；能够迫使传媒公司停止使用像比尔·奥莱利这种虽然能赚大钱但充满争议的电视节目主持人。我相信，如果广大消费者能够正确地行使手上的权利，就能说服公司决策者在步入人工智能的时代时不忘保障用户的利益。除此之外，民众还要依靠法律法规、税收优惠政策和其他能够影响企业界的杠杆手段，我在这方面非常乐观，企业领导者们已经逐渐意识到有必要在股东利润和利益相关方的需求之间达成平衡。实际上，2019年8月，参加商业圆桌会议的企业负责人们明确表示，在衡量企业在社会中的地位时，要考虑的不仅仅是为股东创造价值，眼界要放得更宽、更长远一些。鉴于这是来自一个由苹果、沃尔玛、摩根大通和其他近 200 家大公司的 CEO 参与的论坛，这种姿态绝不是说说而已。我相信，只要企业能采取适当的激励措施，承担起自己的责任，不仅可以经营好自己的业务，还能为整个世界带来福祉。

过去，每当经济变革发生时，总难免有部分人被落下。农业科技的进步标志着美国作为一个农业大国时代的终结，但后来随着新产业的发展，失业的农民及其子女又重新找到了更轻松的工作。计算机时代的到来让数千万人失去了工作，但这一进步却为后来的数字服务业发展铺平了道路。不论身处哪个历史发展时期，所有的市场变化总会带来一个篇章的结束，也会迎来一个更新更好的经济新篇章，让我们能一直大步向前。从历史上看，这些变化总是给人们带来比之前更多的工作岗位和更好的生活质量。但在未来的人工智能和自动化时代，新的挑战要比之前的更加严峻，变化速度也会更快，留给我们调整适应的时间也将会是前所未有的紧迫。

但是，机会不会自己找上门。企业必须主动发展科技才能创造出新的岗位，虽然这样做的代价是牺牲掉一些旧岗位。优步和爱彼迎分别给出租车和酒店业带来了冲击，但同时也为数十万非全职驾驶员和酒店经营者带来了灵活且门槛低的新机会。那么无人驾驶汽车公司和未来的其他行业在为我们带来颠覆性的商业创新时，也能做到这一点吗？未来的公司也能带来更好的工作吗？能带来那些可以发挥个人所长，需要人与人之间的交流、沟通和发掘个人技能的工作吗？还是把对民众的影响完全抛在脑后？美国伟大的作家爱德华·艾比（Edward Abbey）曾经写道："为了增长而增长是癌细胞才会有的意识形态。"私人企业在未来几年中绝不能抱有这种态度，而必须是为了民众的利益而加快发展，适应成长的大趋势。

在法律法规和传统公众压力的作用下,我们是能够让企业意识到这一点的。首先,顺着商业圆桌会议上各位商业首脑的思路,聊一聊传统的"股东至上":企业的经营理念中明确规定,股东是企业唯一需要关心并对其负责的群体。我们需要保持平衡,也要把目光放得比下一个季度的收益报告更长远。不久前,绝大多数企业还只是纯粹的本土企业,他们的主要利益放在了国内市场。而在一个汽车、铅笔、塔可沙拉和软件都需要全球采买的时代,这种陈旧的利益关系早已过时,一方面是公司们与美国城镇的联系越来越薄弱,另外一方面是传统的"股东至上"理念慢慢退出历史舞台,两者结合起来看,也难怪美国左右两派的民众常常看不起如今的企业。近年来,公众通过行使其权利来影响公司行为的例子并不少见:例如,2019年2月,美国科技巨头亚马逊在皇后区建立总部的计划遭到了纽约政治领导人的坚决反对,最终导致这一计划流产;路易斯安那州东巴吞鲁日教区学校董事会拒绝埃克森－美孚公司提出的增加290万美元的财产税减免的要求,打破了多年的当地传统,站在了本地区第一大制造业和本地最大纳税单位的对立面。社交媒体时代,每个人握着的这台大喇叭,几乎可以与所有公司对话。已经有很多企业根据负面的客户服务案例和其他形式的反馈意见改进了自己的行为。如果说企业确实能对消费者的意见变得更加积极响应,或者至少说更敏感,那么消费者或许可以抓住这个机会,坚持以人为本的科学发展路径。

除此之外,企业还能通过清除目前劳动力和就业机会流动方面的障碍来促进变革。美国劳动力市场非常不透明,由于对学历和家庭背景的过度迷恋,导致一边是很多工作岗位空缺,一边是合格的候选者就近在咫尺。事实上,2017年总计有660万个空缺职位和640万求职者。虽然说技术进步能够让众多行业可以提供越来越多的远程工作岗位，但地域局限还是导致待岗人员积压的部分原因，但更主要的还是与美国根深蒂固的传统偏见有关——只注重学历，不注重技能。

现实是，将近70%的美国成年人没有大学学历——学历虽然重要，但并不能代表一个人现在的技能或快速学习新技术的能力。丹尼斯·麦克多诺（Denis McDonough）曾经担任白宫前办公厅主任，曾任职于马克尔基金会（Markle Foundation）的美国再就业工作组（Rework America Task Force），提供有关未来工作的建议。他认为，为了实现灵活就业，创造更多的就业岗位，最重要的是将关注的重点从学历转移到技能上。丹尼斯还提到，现在美国四分之三的建筑经理职位招聘中都要求本科学历，但从事这一行业的人当中实际上只有四分之一的人读过大学。企业招聘传统意义上接受过良好教育的员工的理念，会把很多有潜力的熟练工，包括在校园之外锻炼出核心技能的人拒之门外。这种想法不仅限制了企业的发展，也让占美国劳动人口70%的本可以有机会大展身手的人找不到合适的工作。美国在这方面并非个例，墨西哥也要求大多数银行出纳员必须具有大学学历。接受高等教育不是一件坏事，但如果美国公司能够对文凭少一些迷恋、对技能多一些看重，整个国家都会受益。就像罗得岛潜水艇制造商通用电船动力公司一样，聪明的企业甚至可以与当地政府合作，为本地劳动力设计技能培训项目，以满足本公司的特定需求。

以技能为基础的方法是我们在前面章节中探讨的"时刻准备着"概念的核心。学历总是很有价值的，但年复一年地待在教室里可不是我们在快速发展的经济中保持领先的秘诀。当我与特朗普总统的前首席经济顾问加里·科恩交流时，他曾表示，据估计，美国目前所有空缺岗位中的三分之二至四分之三都不需要高等学历。他开玩笑说："我们的问题是送去读大学的孩子太多了。"在以医疗、建筑和IT为主的未来几年增长最快的行业中，为期六周的培训项目或学徒制在很多时候可能会比四年的大学教育更有帮助且费用低廉。如果私有企业能够将招聘重心转移到以技能为主，那么受益的不仅仅是公司本身，还有整个国家，各种受教育水平的工人都能为未来做好更充足的准备。

那么，贸易会受到怎样的影响呢？

上文我们讨论了团结起来共同应对未来就业的挑战，接下来该回归正题，聊聊贸易。未来几年，美国的贸易战略将对国内各方所采取的策略产生重要影响，如果战略方向正确，我们很有可能在未来全球高科技服务驱动的世界中占领先机。在未来经济中，贸易很可能将不再直接创造就业岗位，而是更多地通过引领变革来提升本国的竞争力。比方说，如果要向印度出售美国的产品，需要做的不是取消关税，然后用这笔钱雇用更多的工人，而是借助对我国有利的国际数据安全标准，提升美国技术的价值。未来越来越多的商品会直接在生产地销售，除了直面改变，我们别无选择。如果美国把贸易作为保证技术、数据和服务自由流动的工具，并且最重要的是，如果美国可以为将来的行业发展制定负责任的条款，那么随着发展不断深入，美国就可以维持在迎接机遇的最前沿。

从哪儿开始？说出来大家可能不相信，但美国从未有过任何实际的贸易战略计划。没错，我们确实有几任政府曾签订了自由贸易协定，但也有政府让我们退出了这些协定；我们有几任总统曾利用贸易扩大美国在太平洋地区的影响力，也有几任总统将贸易作为对抗欧洲的方式。直到今天，美国一边为了保护奶农而实行贸易保护主义，另一边又在努力为能源行业寻找出口机会，但却从未曾把这些政策融合到一个大方针当中，也从未有人向民众明确解释过这一切背后的意义所在——国家的目标是什么？贸易政策中的各个要素又是如何为目标服务的？

部分原因可能在于，美国的贸易政策分散在既复杂又神秘的各个行政部门和机构中。商务部的国际贸易管理局（International Trade Administration）正帮着美国企业应对海外竞争，而国务院双边贸易事务办公室（Department Office of Bilateral Trade Affairs）正在仅仅六个街区以外的办公室执行着同一任务。贸易给工人的影响属于劳工部的管辖范围，而环境保护局、能源部、国土安全部、财政部和农业部也各有专门负责的贸易相关的任务。但在贸易谈判中，美国贸易代表将负责出席，而贸易代表又完全不属于以上任何部门。截至这里，我们尚未谈及美国国际贸易委员会、美国贸易和发展署、美国进出口银行，以及小企业管理局的国际贸易办公室的职责。看，是不是非常莫名其妙？

世代以来，美国的贸易政策都是由一堆有着复杂的字母缩写，但彼此之间毫无联系的部门和办公室制定的。每个部门都有自己的任务，而更糟糕的是，有时这些任务之间是彼此重叠的。我曾经参加过一个成立于1992年的小组会议——贸易促进协调委员会（简称：TPCC），该会议通常由60个代表组成，来自20多个机构。如果美国要制定一个统一的战略性贸易政策，美国需要有更敏锐、更有针对性的专家加入——打个比方，十人组成的贸易内阁。但对于受贸易影响的工人来说，现状并没有改善，他们还是必须得从教育部到退伍军人事务部等不同部门推出的47个不同的联邦职业培训计划中，搞清楚到底哪个适合自己。我在进出口银行任职时，经常会碰到想要参与到贸易中的企业家,他们不确定究竟哪个部门的领导能帮到自己,是我还是小企业管理局的负责人,还是其他十几位领导人中的一个。

美国所追求的不一定是把所有贸易相关的都整合到一个专门机构里,但至少这是解决混乱和低效的一个途径。不管最后是由一个还是五个部门统筹贸易,重点是所有的贸易方针政策都要遵循统一的思想。如果美国想成为出口强国(美国也确实应该是一个出口强国),就应该宣布这一目标并制订相应的计划,这是谈判代表在谈判桌前需牢记的使命,着眼于地区和贸易协定条款,企业需要知道要去哪里寻求支持,工人也需要知道去哪里寻找目标资源和福利。在制订计划的过程中,劳工、消费者、环境等因素都应被考虑在内,并且资源应该从战略高度上对技能培训和社会保障进行部署,保证民众在新贸易协定可能带来的变化面前有所准备。所有的行动都要保持步调一致。各位读者大概觉得,这些难道不是显而易见的?但美国其实从未这样实践过!美国离得最近的一次是奥巴马总统的国家出口计划,其中设定了在五年内使出口增加一倍的目标,前商务部长彭妮·普里茨克(Penny Pritzker)领导的另一个计划"选择美国"(Select USA),鼓励在美国投资设厂。很不幸,以上两个计划都没有得到足够资金支持——美国要做的还有很多,要携手一致向着同一个战略重点而努力。出口确实能带来高薪工作,因此要鼓励美国公司,比如制造商、娱乐公司和高等院校等,做好出口的准备。虽然美国确实有资格成为一个服务出口大国,但美国对服务出口的态度总是不够严肃。在诸如高等教育之类的关键领域,美国有充足的能力接纳更多样化、更全球化的学生,让小型的文科和社区大学以及州立大学从中获益。

更加连贯一致的贸易战略也能让美国从国家层面更加坦率、诚实地谈论贸易。长期以来，工人完全被排除在贸易环节之外，特别是制定贸易协定的过程之外。因此，当工人的利益因协定的影响，或其他经济形势中与他们完全不相干的变化而受到损害时，他们自然会认为决策者在制定政策时根本没有将自己考虑在内。即使贸易确实让工人们受益，他们也常常对此一无所知。人们认知中只有自己看到和能感觉到的东西——如果看不到贸易政策制定的进程或背后的基本原理，他们所感受到的只有国家的无根感和自己经济身份的削弱。难怪很多人都认为贸易是导致美国从中产阶级梦想中抛锚的原因，觉得贸易注定带来这样的结果。

美国的情况是，特朗普对中国采取的以关税为主的战术伤害了美国农民、制造企业和消费者。如果继续这样下去，谁知道要把牙膏收回到牙膏管要花多长时间？我们小时候就知道，不断升级的、针锋相对的矛盾很难化解。但当下这个问题不论采取哪种方式，都必须得到解决。

我这样一个支持贸易发展的人提出的建议大概会出乎各位读者的意料：我建议在美国国内达成对现有贸易协定的共识之前，暂时先不要签订任何新的贸易协定。自《北美自由贸易协定》签订以来，贸易协定就成了避雷针，但事实本不该如此。只要贸易协定仍然像今天这样不断在政坛受到抨击，美国就会在未来的几年中失去更多的阵地。与此同时，美国还是可以在不签订任何新协定的情况下继续交易，说不定贸易量会比之前更多。但是，在美国人民能够了解贸易协定，并相信贸易协定能够让自己的生活更好、国家更强大之前，还是会在政治分歧的边缘周旋，而这样的贸易协定只会带来更多混乱的外交政策。打破这一僵局需要白宫和国会的严肃领导，最终还需要所有与贸易有利益关系的人做出让步。保持诚实，是这个过程中的第一要务。但鉴于目前美国两党的状态，这一目标似乎遥不可及。但我相信，只要有更多的民众了解到美国所面临的风险和未来的机遇，这一天终将来临。

与此同时，至关重要的是，美国必须与中国合作，共同制定出一套可执行、可供全球遵循的规则，这些规则允许每个国家在公平的环境中竞争，而且不仅要适用于美国工人，还要适用于其他国家工人。保护知识产权和技术转让的屏障需要建立起来。究竟制定规则的最佳途径是与中国达成多边贸易协定，还是通过改变世界贸易组织规则，这一点有待讨论。

为贸易创造更美好的未来的第一步，是要让公众参与到贸易当中。领导人不妨打开天窗说亮话，开诚布公地向民众讲清楚贸易中的权衡利弊将以何种形式、在哪里发生，以及为什么会发生，培养起当下美国最紧缺的声誉和共同目标，并带入贸易市场中。我们谈论贸易是好是坏，还是两者皆有时，不应该从讲话者的信仰或意识形态来揣测其立场，大家应该能够切实地看到并理解协定为何起草、如何起草、目的是什么以及将会产生什么样的后果。只有在了解了这些知识后，人们才能更好地理解贸易背后更多的知识：如何利用贸易来影响世界的人权、劳动力、平等和环境等问题，如何处理不利因素，如何促进动荡地区的和平，一个强大的全球互联经济对国家的国民安全有着怎样的意义，以及为何邻国的经济繁荣有利于我国的发展。

前方必定会有挑战，这一点毫无疑问。但当我展望贸易的未来时，我总会非常乐观地预想到贸易将会对你我的生活带来怎样的改变，将会如何为全世界的社区带来繁荣与发展。接下来我要重复我自己的话：贸易并非邪恶势力，而是一股将我们团结在一起的力量，是一股鼓励我们互相学习，体验新事物、新趋势和新技术的力量。贸易让我们更深刻地体会到在 21 世纪生活是一种什么样的感受。美国还有全世界都期待着真诚、有进取心（而不是政治上的盲目追求者）、更了解事实的贸易观，民众在这一点上大有可为。如果我们能一起步入这样的未来，真诚待人，对所得和所失都保持清醒的头脑，我们将建立一个让所有人受益并且给予我们更多使命感的经济体。不管怎么说，将来总会有依靠人类的判断力、同理心、智慧、创造力和关怀的工作岗位，这里将是我们发挥自我价值的地方。未来人类还会不断冒险、超越极致、超越所有已知和未知的事物、感受刺激，就像几十年前我有一次去外国旅行，摇摇欲坠的跑道灯突然亮起并短暂地熄灭时我的心情。我能想象我的母亲和她的家人在第一次到达埃利斯岛[1]时，必定也有同样的感受，眼前的这片美利坚大地，比任何梦想都要美丽。

---

1. 位于纽约市曼哈顿区西南上纽约湾，1892—1943年曾作美国的主要移民检查站，被视为美国移民的象征。——编者注

结　语

对或错？

与国外进行自由贸易能够开拓新的市场，因此对美国有利。承认吧，这是全球化的经济。

2019年夏天，《NBC新闻》和《华尔街日报》的一项民意调查发现，接近三分之二的美国人都同意以上观点，与四年前的调查结果相比实现了两位数的增长，也是该调查有史以来的最高纪录。调查对象包括共和党和民主党在内的多数党派。某种程度上来说，这个结果并不意外。绝大多数美国人现在正经历着他们人生中第一次真正的贸易战，而且结果还不是很理想。据估计，特朗普对中国商品征收的关税每年给美国普通家庭造成的损失高达2000美元以上，如果像他在推特里面来来回回说的那样——继续向美国消费者征收更高的税额的话，这个数字肯定会飙升。美国农场局联合会负责人齐皮·杜瓦尔（Zippy Duvall）表示：贸易战对美国国内农民是"一个打击"，作为美国玉米和大豆的最主要客户，中国市场的流失降低了美国农民的收入，并引发了一系列农民破产甚至自杀的悲剧。那些依靠中国商品致富的美国企业已在这场混战中狼狈不堪。旧金山联邦储备银行研究发现，每在"中国制造"上花费1美元，就有55美分进了美国公司的腰包。换句话说，很多中国公司供应的零部件都成了美国制造的商品，反之亦然。

对中国采取的高风险的经济边缘政策和短视的关税狂热所引发的自食苦果将会是主流的政治故事。彼时，在竞选期间，白宫办公室的推文日趋频繁，甚至弹劾之风盛行，留给贸易问题的氧气已经不多了。在这样一个到处都是新闻的环境中，美国人是时候重新思考贸易这个比以往都要更加紧迫的问题了。

在抽出来谈贸易的时间里，民主党总统候选人基本上对特朗普推行的诸多政策中的错误进行了正确的评判。在主要的辩论阶段，他们指出，特朗普与中国进行"推文谈判"毫无准备，其关税政策已经导致美国损失了超过30万个工作岗位，而本应出口的美国农作物现在正在全美的仓库中腐烂。大家在评价特朗普这件事上没有异议，但却未能拿出替代特朗普贸易政策的方案，具体来说，民主党并没有解释清楚为什么贸易是好的，所以数百万选民并不清楚特朗普与其潜在继任者之间在贸易态度上能有怎样的区别。从民主党候选人的表态中我们能发现，贸易充其量只是个无足轻重的问题，最坏不过是威胁到美国工人的利益——这与特朗普的态度无异，只不过是故事中的反派人物不同。

大家都知道，放弃扩大贸易的承诺是一个严重的错误，因为你读过本书！坦率地讲，无论是特朗普的右派的民族主义在阻挠贸易，还是因为奥巴马曾说过我们是"让完美成为优秀的敌人"的左派，都不会带来太大影响。

我不是天真，在这个话题上，总统初选中的政治问题总会遇到一些阻碍。就贸易而言，这意味着反对《北美自由贸易协定》的呼声会越来越强烈，对贸易协定的怀疑态度也会越来越高涨。很多候选人可能会认为，贸易的优势显而易见，大声而自豪地为其呐喊没什么用。也许他们是正确的，但如果美国在未来几年中要重回全球领先地位，重新享受贸易所带来的工作、繁荣、影响力和文化利润，那么必须有人站出来建立一个诚实但乐观的愿景。

特朗普没有做到，他在就职演说中向国民展示了自己世界观当中的重大缺陷——"美国屠杀"这样的骇人描述永远都不会从人们心中抹去。特朗普对待国民和对人们说话的方式，就好像美国人都是蹲在地上的受害者一样，祈求着他的保护，他的关税政策更是活生生的例子。特朗普把关税形容成防御性的经济墙，保护美国人民免受外界威胁。但问题是，美国人当然不会这样看待自己。不管是在历史上还是美国人的基因里，美国人从来都没躲避过竞争。相反，美国人一直都勇于抓住机会，热爱竞争。

接近三分之二的美国人已做好了进一步冒险的准备，他们迫不及待地想知道美国人应该如何为未来的竞争和胜利做好准备，而这些准备工作中应该以亮眼的创新成果、确定的不确定性和快速变革为标志。他们知道未来的世界将会更加互联，美国的商品和财富也将与其他国家息息相关。我相信，在经济动荡之时，大多数美国人不会再把责任推到移民和有色人种身上，而是理智地思考如何抓住变革的机遇。他们愿意学习如何使用自动化，甚至使自动化为自己服务。如果拥抱美好的未来意味着放手过去，美国人愿意这样做。

不管是谁来当领导人，只要愿意鼓起勇气，拾起披风，讲清楚贸易的真相，事实就会站在你这边。

我在本书中一直强调的一点是：承认贸易会带来赢家和输家，是制定有利于贸易发展的政策的关键的第一步。第二步是确保大部分人在贸易中能成为赢家。美国人已经准备用诚实、统一、进步的眼光看待贸易，新的贸易观能提升美国在全球的价值，也不会让其在贸易发展中被落下。我们已经预想到了人们会怎么想,也知道前方的陷阱将会何时出现,但我对未来充满期待,相信我们的领导人将带领我们在正确的贸易道路上前进。

这本书的目的是向大家展示我们、我们的家人、邻居以及所有人是如何从贸易中受益的,在正确对待贸易后,我们未来将会如何受益。在这里我想向大家发出一个恳求:当领导人不去解决这个问题时,这一重任就将落在我们自己身上,大家现在手上已经有一些工具了。你喜欢香蕉吗?蓝莓呢?喜欢本田、雪佛兰还是福特?喜欢你的 iPhone 吗?你最喜欢的电视节目是什么?最重要的,你是否关心我们留给子孙后代的机会和传承给他们的经济价值观呢?如果您给出了肯定回答,我恳请大家在思考、交流和投票的时候,把贸易考虑在内。世界上其他地方已经在全力以赴地拥抱贸易,如果我们想在全球舞台上赶上合作伙伴和竞争对手,就需要有更多人加入我们的阵营,我希望各位都能参与进来。

"取消"了这么多贸易相关的主意,谁能说清我们因此失去了多少呢?现在的美国,不仅退出了《跨太平洋伙伴关系协定》,还抹去了文化中贸易协定的概念。在今后的几年中,美国必须做出改变!所以不管是你的邻居还是参议员,只要是愿意倾听的人,请告知他们贸易的重要性,如果不关心贸易,我们将会在还未来得及享受贸易成果之前就失去贸易,世界也会把我们甩在后面。走出门去传播贸易理念吧,让我们走得更远!

关于作者

弗雷德·霍奇伯格（Fred Hochberg），于 2009 年至 2017 年在奥巴马政府担任美国进出口银行董事长兼行长，并成为该机构历史上任职时间最长的董事长。霍奇伯格还曾在纽约市新学院大学担任了五年院长，并在哈佛大学肯尼迪政治学院和芝加哥大学政治学院担任研究员。此前，他曾在克林顿政府担任小企业管理局代理局长。

霍奇伯格的职业生涯开启于莉莲·弗农公司，作为总裁，他实现了公司销售增长 40 倍的成绩。